ドイツの心ととのうシンプルな暮らし365日

ロジカルでありながら
優しい人たちが育んできたこと

久保田由希
Yuki Kubota

JIYUKOKUMINSYA

Vorwort
はじめに

　はじめてドイツに住んだのは、小学6年生のときです。ドイツがまだ東西に分かれていたころの旧西ドイツの町に1年間だけ滞在し、日本人学校が近くになかったためにドイツ語も英語もわからないまま現地の学校に通いました。そのときに、ドイツは住みやすいと子ども心に感じていたと思います。やがて大人になり、出版社で働くうちにドイツの生活を思い出し、ドイツ西部・ケルンでのホームステイを経て、ベルリンで18年近く暮らしました。日本に拠点を移したいまも、1年のうちの数ヵ月をドイツで過ごしながら、相変わらずこの国のライフスタイルを取材し、書籍や雑誌を通じて日本に伝えています。

　この本は私なりの、ドイツの365日の暮らしです。ある日は季節の行事、ある日は習慣について、またある日は私自身の思いなど、これまでドイツで経験したありのままの毎日を綴り、写真に収めました。1日、1日、ページをめくるたびにドイツの空気を感じていただけたらと願っています。
　本文の中で関連内容のある部分には→363/365のようにリンク先のページを表示しています。そこからリンク先に飛んでもいいですし、パラパラめくって気になったところから読んでも、写真を眺めるだけでも構いません。どうかあなたの気の向くままに、自由に楽しんでください。

　この本で、心の片隅にいつもドイツを感じていただけますように。私からあなたへ、心を込めて。

　　　　　　2024年9月　すっかり秋も深まったドイツにて
　　　　　　久保田由希

1 | April

4月1日

春の到来、イースター

　カラフルな卵を見かけると、「あぁ、イースターだな。いよいよ春だな」と思います。キリストの復活を祝うイースター（復活祭）は、キリスト教の重要なお祭り。春分の日を過ぎて最初の満月の次に来る日曜日がその日に当たり、年によって移動しますが、3月下旬から4月下旬までの間です。前後の金曜日→363/365と月曜日も祝日で、土曜も含めて4連休になります。

　イースターに欠かせないのはカラフルにペイントした卵と、ウサギ→339/365。雛が生まれる卵は生命の、多産なウサギは繁殖のシンボルといわれています。イースターの日曜日、子どもたちはウサギが家や庭に隠したとされるカラフルな卵を探すのに夢中になります。でも私が経験したのは、ちょっと珍しい「卵転がし」。遊びに行った先のファミリーと「さあ、転がしに行こう」と、裏の土手に行き、みんなで卵をひたすら転がしました。のどかな春の日の思い出です。

2 | April

4月2日

自転車専用レーンと自転車専用道路

　日常の移動に自転車は欠かせません。ベルリンは険しい坂道が少なく、自転車専用レーンや自転車専用道路が整備されているので、ストレスをためずに走れる環境があります。歩行者は道路の両側に一段高い専用歩道があるので安全です。

　自転車専用レーンは以前からありましたが、近年増えているのが自転車専用道路です。車が通る一般道を一部区間で自転車専用に変更し、道幅すべてを走行できるようにしたもので、時速30kmまでなら電動自転車と電動スクーターも走れます。ただし、車やオートバイは、自転車専用道路沿いに用事がある場合などは走行可能なので、完全にシャットアウトされているわけではありません。たまにボーッと歩いていて、うっかり自転車専用レーンに入ったり、自転車専用道路を横切ったりするとものすごい勢いで怒られますが、自転車は猛スピードで走っているので危険なことは確か。注意しないといけませんね。

3 | April

4月3日

アイス大好き

　ドイツ人は子どもも大人もアイスクリームが大好き。ドイツ連邦統計局によると、2023年には6億1200万リットルのアイスが国内で生産され、EU内でトップになったそうです。

　確かにショッピングセンターには、ほぼ必ずといっていいほどアイスやパフェを専門としたアイスカフェがあります。テイクアウト専門のアイス店もたくさんあり、人気店がある通りでは道行く人の過半数がアイスをなめているのを見て思わず笑ってしまったことも。スーパーでは1～2リットルパックに入ったアイスが売られています。

　専門店のアイスはおいしくて、私は夏になるとほぼ毎日のように食べてしまうほど。ただ最近のアイス店は、野菜やハーブを使った凝ったフレーバーやヴィーガン→48/365アイス、手作りワッフルコーンなど、おしゃれかつ高級化しているので、気軽に食べるものからこだわりスイーツへと変化しているように思います。

4 | April

4月4日

カフェはもうひとつのリビング

　これまでベルリンで、たくさんのカフェを取材してきました。そして感じたのが、人とカフェの距離の近さです。おしゃれなスイーツや雰囲気を楽しみに行くというよりも、毎日のように気軽に立ち寄る場所でした。そこではスタッフや常連さんと話に花を咲かせる人や、静かに読書をする人、パソコンに向かう人など、みんな思い思いに時間を過ごしています。店内には使い込んだソファやDIYで作った什器、大きなテーブルにバラバラなデザインの椅子が並んでいたりして、ラフでありながらもオーナーのセンスが光るインテリア。カッコいいけれど気取っていない、誰でも好きなように利用できるカフェは、人々にとってもうひとつのリビングだと思います。

　最近はメニューにこだわりのある高級路線のきれいな店が増えて、カフェもどんどん変化しています。カフェの役割や楽しみ方は時代を反映して、より多様になっていくのでしょう。

5 | April

5 / 365

4月5日

メルヘンの世界、木組みの家

　ドイツの町並みというと、なんとなくメルヘンチックなイメージがあるかもしれません。柱などの木材の骨組みが外壁に現れている木組みの家は、童話的なドイツの家の代表的存在でしょう。

　木組みの家は、木材で柱や筋交(すじか)いといった家の骨格を造り、その間をレンガや粘土などで埋めて壁にした伝統的な木造建築です。大都市の中心部ではもう残っていませんが、中小都市や農村などではいまでも現役の家として人が住んでいます。築数百年の木組みの家もありますが、外観の趣を損なわないように時代に合わせて修復を重ねているので、古い家でも快適に暮らせます。室内の様子を見るならば、木組みの家を利用した博物館やホテルはいかがでしょうか。木組みの家で有名な都市はクヴェトリンブルク、ヴェルニゲローデ、ツェレなど数え切れませんが、「ドイツ木組みの家街道」という観光街道の加盟都市をめぐれば、さまざまな木組みの家を鑑賞できます。

6 | April

4月6日

民族衣装その①　バイエルン編

　ドイツの民族衣装と聞いて思い浮かべるのは写真のような衣装ではありませんか？　女性の衣装はDirndl（ディアンドル）、男性の革製半ズボンはLederhose（レーダーホーゼ）といいます。この衣装、ドイツの民族衣装には違いないのですが、厳密に言うとドイツ南東部に位置するバイエルン地方とその東隣のオーストリアの民族衣装で、その地域内でもさまざまな違いがあります。そしてバイエルン以外のドイツの各地方には、また別の民族衣装があります→112/365。

　ディアンドルとレーダーホーゼがバイエルン地方の民族衣装となったのは19世紀だとか。意外にも最近の話で、この地方にバイエルン王国が建国された際に、国民としてのアイデンティティを持てるようにできたそうです。時代とともにファッショナブルにアレンジされて、現代ではドイツの民族衣装の代名詞的存在に。ミュンヘンのオクトーバーフェストでは、多くの来場者がこの衣装に身を包んでいます。

7 | April

4月7日

駅に改札はない

　ドイツの駅に改札はなく、代わりにあるのが乗車時刻や乗車駅の情報を切符に入れる打刻機。自動販売機で買った紙の切符には何の情報も入っていないので、地下鉄や電車に乗る際は、駅構内やホーム上にあるこの機械に切符を差し込むことではじめて有効になります。無賃乗車をしようと思えばいくらでもできますが、抜き打ちで検札がやって来たときに有効な切符を持っていなければ、高い罰金を払わなければなりません。そのせいか、検札に居合わせたときに周りを観察すると、無賃乗車で捕まっている人は少数で、ほとんどの人がきちんと料金を払って乗っているようです。なお、長距離列車の場合は車内検札が必ず来ます。以前は、うっかり打刻をせずに乗車してしまい、途中で気づいて慌てて最寄り駅で下車し、機械まで走ったりしたものでした。いまはデジタル化によって、切符もアプリでその場で買える時代。つい打刻し忘れて……というエピソードもいずれ昔話になりそうです。

8 | April

4月8日

誰でも学べる公立市民学校

　いくつになっても学び続けたい。必要なスキルや新たな趣味を身につけたい。「リスキリング」なんて言葉が日本で話題になる前から、学習意欲は多くの人が持ち合わせているのではないでしょうか。ドイツでは公立の市民学校 Volkshochschule（フォルクスホーホシューレ）があり、誰でも格安で学べます。科目ジャンルは絵画やヨガといった趣味領域から、政治や哲学、環境、IT関連、マネージメントなど職業スキル、外国語や外国人のためのドイツ語コースなど盛りだくさん。多くは数ヵ月単位で続きますが、短期集中コースや遠足企画もあります。ベルリンの市民学校は地域ごとにあり、2022年には合計2万以上の講座が開催され、私も過去にドイツ語やベルリンの歴史などを学びました。ふだんは出会う機会がないような人と知り合えるのも、市民学校のよさ。安く学べるありがたい存在ですし、市民の知識やスキルの向上は自治体にもメリットがあるのだと思います。

9 | April

9 / 365

4月9日

公共交通でベルリン観光

　ベルリンをはじめとする大都市の公共交通には、電車・地下鉄・バス・トラム（路面電車）などがあります。料金はゾーン制で、中央から外側へ向かってAゾーン、Bゾーンというように分かれており、自動販売機や窓口で切符を買うときは、目的地があるゾーンまで行けるものを買えばOK。ベルリン市内ならABゾーンでカバーできます。

　旅行者におすすめしたいのは「24時間チケット」です。アプリでの購入または切符に打刻→7/365したときから24時間有効で、該当ゾーン内の公共交通が乗り放題。1枚の切符で気の向くままに乗り降りできます。この24時間チケットがあれば、ベルリン観光が楽しめます。王道観光をするのなら、100番バスに乗りましょう。これは名所を回りながらベルリン東西を走るルートで、映画『ベルリン・天使の詩』に登場する戦勝記念塔のほか、連邦議会議事堂、ベルリン大聖堂など、乗っているだけで名所が見られます。

10 | April

4月10日

ドイツビールいろいろ

　ビール好きの私にとって、ドイツはまさに天国です。初夏の昼下がり、木立の下でビールを飲むしあわせといったら！「この一瞬のためにドイツに住んでいる」と真剣に思っていました。

　ドイツビールの特徴は、とにかく銘柄が多いことでしょう。2023年のドイツビール醸造者連盟の発表では、全国で7500銘柄以上にもなるそうです。現在でこそ大手メーカーがありますが、本来ドイツは地ビールの文化。地域に根ざしたビールがいまも残っています。たとえばバイエルン地方なら、明るい黄金色のHelles（ヘレス）や、小麦ビールのWeizen（ヴァイツェン、当地ではヴァイスビーアと呼びます）が典型的。ドイツ西部ならさっぱりとしたケルンのKölsch（ケルシュ）、こはく色をしたデュッセルドルフのAlt（アルト）が有名です。ベルリンにはBerliner Weisse（ベルリーナー・ヴァイセ）というビールがありますが、これについてはまた日を改めて→99/365。

11 | April

4月11日

ドイツ人の散歩は日本人のハイキング

「ちょっと散歩に行かないか」とドイツ人から誘われても、気軽にOKしてはいけません。行き先は町なのか自然の中なのか、時間はどのくらいかかりそうかを確かめておかないと、とんでもない目に遭いますから。……というのは大げさかもしれませんが、実際にドイツ人にとっての散歩は、日本人にはハイキングレベルだったりします。日本人が考える散歩とは、お店のショーウインドウなどを眺めながらブラブラして、ちょっと歩いたらカフェでひと息ついて、というものではありませんか？　しかし、散歩好きなドイツ人は小雨や寒さをものともせず、会話を楽しみながら平気で数時間も歩き続けます。以前旅先で「この場所まで歩いて行けますか」と聞いたところ、「行けますよ」との答えだったので、ついうっかり信用してしまったら3時間以上かかり、膝がガクガクになったことがありました。ドイツでは常に歩きやすい靴を履いておくことをおすすめします。

12 | April

4月12日

白アスパラガスの収穫

　ドイツの春の食卓に、なくてはならないアスパラガス、Spargel（シュパーゲル）→21/365。緑と白、両方のアスパラガスがありますが、人々が熱狂的に求めるのは圧倒的に白。白と緑のアスパラガスは、栽培方法が違うだけで品種としては同じものですが、白アスパラガスは芽が出る前に土を盛ったり遮光フィルムで覆ったりして、芽を日光から遮ることで白くなります。一方、緑のアスパラガスは芽が出たらそのまま日光に当てるので緑色に。白アスパラガスは収穫もまた大変で、傷つけないように根本からそっと掘り起こさないといけません。1本1本をかがんで掘り起こす作業を長時間続けるのは、想像するだけでも重労働です。この作業を担うのは、おもに外国から来た季節労働者。彼らがいなければ、ドイツで白アスパラガスを食べることは難しいでしょう。ドイツでの収穫時期は、翌年の収穫も考慮して、6月24日の聖ヨハネの日までとされています。

13 | April

4月13日

乳製品のおいしさ

　私がドイツで個人的においしいと思うのは、肉と甘いものと乳製品。肉は味そのものが濃いですし、ハムやソーセージなどの食肉加工品はドイツ名物ですから言うに及びません。甘いものは、たとえばチョコレートや焼き菓子。甘さはわりと控えめですが、やはり味がしっかりしていると思います。そして乳製品。これがまたおいしいんです。バター、チーズ、生クリームにヨーグルト、アイスクリームにバターミルク。日本ではなじみがない品も豊富で、いずれもコクがあるのにさらっとしているというのでしょうか。味が濃いので少量でも満足できると思います。生クリームは砂糖を入れなくても本来の甘みをほんのり感じるので、そのまま泡立ててフルーツやケーキに添えても美味。紅茶にもミルクではなく少量の生クリームを注ぐようになりました。スーパーにはたくさんの製品が並ぶほか、ホテルの朝食では、こうした乳製品の数々を気軽に試せます。

14 | April

4月14日

チップ文化

　チップの習慣は奥深くて難しいな、と何年暮らしても思います。ただし、飲食店でチップを払うのはそれほど難しくはありません。飲食代の10％程度をプラスして支払えばいいのです。カード払いならチップを含めた金額をお店に伝えてもいいですし、チップ分だけ現金で払っても大丈夫。セルフサービスのお店では必須ではありません。

　私が難しいと思うのは、どんなときに払うのかということです。飲食店やタクシーで払うのは知っていましたが、ヘアサロンやマッサージなどでもチップの習慣があることは、ずいぶんあとになって知りました。しかし、お店で商品を買ったときには店員さんに払う必要はありません。その境目はどこに？　周りに聞いてみると「何かしてもらったときに払う」「相手とこちらが1対1の関係のとき」という答え。きめ細かい気配りをしてくれたときのチップは当然として、どんな職種の人にどの程度チップを払うのか、未だに模索しています。

15 | April

4月15日

壁から桜のトンネルへ

　花はどれも美しいものですが、中でも桜は美しいだけでなく、ときめきや切なさも感じさせてくれる特別な存在だと思います。ドイツでも桜の名所がいくつかあり、おもに4月中旬から下旬にかけて美しい花を咲かせます。特にベルリンには見事な桜並木があります。ベルリンの壁 →223/365 が崩壊した直後に日本のテレビ朝日が「ベルリンの壁の跡地に桜を植えよう」と呼びかけ、20年の歳月をかけて植えられたもので、開花時期にはピンク色の桜のトンネルに多くの人々が集まります。ここの桜の多くは、濃いピンク色の八重桜。私の中では桜といえばソメイヨシノのイメージなのですが、ベルリンの地で咲き誇る八重桜を見て、その華やかで愛らしい魅力に気がつきました。

　かつては人々を分かつベルリンの壁だった場所が、人々が集う桜の名所へと変わったことはうれしく、この平和がいつまでも続いてほしいと心から願います。

16 | April

4月16日

春になるとトラムで移動したくなる

　寒い冬の間の移動は、なるべく地下鉄を使います。駅のホームが暖かくて、ホッとするのです。でも春になったら、ちょっと遠回りしてでも断然トラム（路面電車）に乗りたくなります。花が咲き、光があふれる外の景色を楽しみたいのです。それに、トラムはなんとなく旅情を感じさせてくれる乗りもの。日常の移動なのに、小さな旅をしている気分になります。

　電気による路面電車が世界ではじめて運行されたのは、ベルリン郊外でした。現在ベルリンでは、トラムの路線はおもにベルリンの東側で発展しています。それは、第二次世界大戦後にドイツが東西２つの国に分断されたとき、ベルリンもまた東西２つに分かれたからで、旧西ベルリン側ではトラムは地下鉄とバスに替わりましたが、旧東側では新たな路線が郊外へと延びていきました。しかし、トラムは環境面などの長所から、いま再び旧西ベルリン側にも延伸しつつあります。

17 | April

4月17日

最も飼われているペットは？

　ドイツの家庭を訪ねると、さまざまなペットを飼っているなと思います。犬、猫はもちろんのこと、ウサギや熱帯魚も人気で、中には爬虫類を飼っているお宅も。ドイツのペット産業に関わるIVH*とZZF**が2023年に5000人を対象に行った調査によると、ドイツの世帯の45％がペットを飼っているという結果でした。また、子どものいる家庭では67％がペットを飼っています。ペットの内訳は、最も多いのが猫で1570万匹、次が犬で1050万匹、3位はウサギなどの小動物で460万匹。その後は鳥、水槽で飼う魚、庭の池で飼う魚と続き、第7位はテラリウムで飼育する動物（両生類、爬虫類など）です。犬の散歩をよく見るせいか、最も多いペットは犬のような気がしていましたが、実際は猫のほうが多数派でした。猫を飼っている世帯のうち42％は2匹以上飼っているそうで、犬に比べて猫は多頭飼いがしやすいのも、数が多い理由かもしれません。

*Industrieverband Heimtierbedarf (IVH) e. V.
**Zentralverband Zoologischer Fachbetriebe e.V.

18 | April

4月18日

想像を超えるソーセージ

　ドイツの食卓に欠かせないソーセージ。ドイツ語ではWurst（ヴルスト）です。地域ごとに伝統的なものがあり、その種類はなんと1500以上に上るとか。有名なところでは、フランクフルトの「フランクフルター・ヴルストヒェン」、ミュンヘンの「ヴァイスヴルスト」→168/365、ニュルンベルクの「ニュルンベルガー・ブラートヴルスト」、テューリンゲン地方の「テューリンガー・ブラートヴルスト」あたりでしょうか。ハムのように薄くスライスされたものや、パンに塗って食べるペーストタイプもあり、日本人がイメージするソーセージ像を超えたものも多数存在しています。

　それぞれのソーセージは、お湯で温めて食べる、焼いて食べるなど調理法も決まっています。お湯で温めるソーセージを焼いても別に構いませんが、ソーセージに合った調理をするのが結局はいちばんおいしいと思います。

19 | April

19 / 365

4月19日

ドイツにコンビニはない

　ドイツにコンビニはありません。そもそも閉店法→65/365があるので、24時間365日営業するのは不可能なのです。ですが、深夜も営業できる（州によって営業可能な時間は異なります）ドイツ版コンビニのようなお店はあります。シュペートカウフあるいはキオスクという業態のお店で、ベルリンでは略してシュペティと呼んでいます。

　売っているものは飲みものや新聞、雑誌、スナック菓子など。ビール銘柄はスーパーより充実していることもあります。そのほか、インターネットカフェを併設していることも。なんでもそろう日本のコンビニには及びませんが、友人宅を訪ねる前にちょっと飲みものを買えたりするのは便利です。私は寒い冬の夜にバスが来るのを待つ間、よくシュペティに入って暖を取っていました。

　シュペティの前では、買ったばかりのビールを飲む人々の姿をよく見かけます。これはドイツ版角打ちかもしれません。

20 | April

4月20日

ドイツの家事は水垢との闘い

　ドイツで家事をする上で常に気にかけていること、それは水垢です。ドイツは水道水の硬度が日本に比べて高く、水回りはもちろんのこと、洗濯機、食洗機、電気ケトル、スチームアイロンなどなど、水を使う家電すべてに対策が欠かせません。特にベルリンの水は硬質で水垢がたまりやすく、それを知らなかった私は、はじめてひとり暮らしをしたときにシンクの蛇口にこびりついた水垢がどうにも取れなくなってしまい、困り果てたものでした。水垢を放置したままにすると家電の故障にもつながりかねないということで、洗濯機用や食洗機用など、家電別に錠剤や粉末の水垢除去剤が売られています。

　ドイツの家庭に昔から伝わっている水垢を取り除く方法は、お酢や、薄めたお酢エッセンス（希釈して使う酸度の高いお酢）で拭き取ること。なにより濡れたままの状態にしないのが大切で、ドイツで暮らして以来、ちょっと神経質なほどシンクを拭くようになりました。

＊お酢・お酢エッセンスは、アルミ製品やエナメル素材などには
適さないのでご注意ください。

21 | April

21
/
365

4月21日

白アスパラガスの茹で方

　4月から6月の旬の間にドイツ人がどうしても食べたいものはSpargel（シュパーゲル）、そうアスパラガス、それも白→12/365です。決してお手頃価格ではありませんが、こればっかりは奮発してしまうのです。シュパーゲルを食べないと春が始まらないという心境なのかもしれません。調理は簡単、茹でるだけ。ではドイツ人直伝の茹で方をここでご紹介しましょう。まずは根本を切り落とし、ピーラーで皮を厚くむくこと。ケチケチして薄くしかむかないと、筋が残って台無しになります。そして、たっぷりの水に塩と少々の砂糖（砂糖を入れるのがポイントで、素材の苦味が和らぐそうです）、バターを入れて沸かし、沸騰したらシュパーゲルとむいた皮も一緒に入れて、15分ほど茹でてできあがり。味つけは溶かしバターか、卵黄・バター・レモン汁で作ったオランデーズソースが定番です。茹で汁は捨てずに濾して、味を整えてスープにしたら、さあ召し上がれ！

22 | April

4月22日

博物館・美術館は身近な存在

　大人になってから、博物館や美術館がいっそう好きになりました。ドイツ各地の郷土博物館で地域について知識を深めたり、美術館で作品に没頭したりするのがおもしろいのです。ベルリンは文化施設が充実していて、常に興味深い展示がある環境も大きいのかもしれません。子ども向けのプログラムも多様で、ゲーム感覚で課題に取り組む子どもたちの姿も館内で見かけます。ベルリンで個人的に好きなのは、博物館ならドイツ技術博物館。特に鉄道や飛行機など、乗りもの好きにはきっと楽しいはずです。美術館ならゲメルデガレリー（絵画館）。13世紀から16世紀のドイツ絵画とイタリア絵画、15・16世紀のオランダ絵画コレクションが中心で、静かな空間で名作を鑑賞できます。毎月第1日曜日は、この2館を含めたベルリンにある数々の博物館・美術館が入場無料に。この日にまず全体を観て、気になる内容を後日じっくり見学するのもおすすめです。

23 | April

4月23日

ドイツはコーヒー派

　一般的にポピュラーなホットドリンクといえば、コーヒーまたは紅茶や緑茶などのお茶類でしょう。どちらがより愛飲されているかは国によって違いますが、ドイツでは体感的にも統計的にも圧倒的にコーヒー派が多いです。

　もともとコーヒーメーカーでいれたドリップコーヒーが主流でしたが、2000年代初頭ごろからイタリアのエスプレッソ文化が訪れて、カプチーノやラテ・マキアートがカフェの人気メニューになりました。ベルリンでは 2008、2009 年ごろから徐々にアメリカからサードウェーブ（産地を重視した高品質の豆をハンドドリップで丁寧にいれるスタイル）が波及して、こだわりの専門店が生まれました。家庭にはコーヒーメーカーやエスプレッソマシンがあり、Dallmayr（ダルマイヤー）や Melitta（メリタ）、Jacobs（ヤコブス）のコーヒー豆はどこでも手に入ります。私もドイツでコーヒーのおいしさに目覚めました。

24 | April

4月24日

ストールはドイツらしいおしゃれ

　襟元にちょっと巻くと一気におしゃれ感がアップするストールは、ドイツでよく見るファッションアイテム。おしゃれという面以外に、実用性も高いのが理由ではないかと思います。たとえば、冬は寒いので防寒用にストールは必要です。そして、春と秋の朝晩は冷え込むので、やはりストールがあると助かります。さらに、夏も肌寒い日は珍しくないので、日中以外は案外ストールの出番があります。というわけで、四季を通じてストールの着用率はとても高いのです。首周りに巻くだけで、体感温度はかなり変わると思います。

　私は、ドイツのファッションはおしゃれを楽しむことよりも、機能を追求する傾向にあると思っているのですが→40/365、おしゃれ面と機能面の両方を兼ね備えたストールは、ドイツらしいおしゃれと言えるかもしれません。身近なアイテムだからか、巻き方がこなれている人が多く、参考になります。

25 | April

4月25日

Sieの関係、duの関係

　ドイツ語では相手を指す二人称には2通りの言葉があります。ひとつはSie（ズィー）で、もうひとつがdu（ドゥー）です。親しい間柄や小さい子どもに対してはduを使い、面識のない大人など、相手との距離がある関係では敬称のSieで話します。仕事の同僚同士は、職場の雰囲気によってケース・バイ・ケース。最初はSieで呼び合っていた人とも、親しくなったと感じたら「duで呼び合おう」と提案しますが、カジュアルな場面で知り合ったときは、いきなりduで話すのは普通のこと。また、若い人は高齢者に比べてすぐにduを使う傾向にあるといわれています。かつてスウェーデン企業のイケアは、それまでのドイツの常識を覆してドイツ国内の広告でduを使い、話題となりました。じつはスウェーデンやそのほかの北欧諸国は、時代の流れで60年代から80年代に敬称が廃止されたのだそうです。そう考えると、いずれドイツ語もdu一択になる日が来るかもしれません。

26 | April

4月26日

築100年以上の優雅な集合住宅

　大都市の住宅地を歩くと、コンクリートのモダンな建物に混じって、クラシックな雰囲気の集合住宅を目にします。これはAltbau（アルトバウ）と呼ばれる建物で、アルトは古い、バウは建築を意味します。アルトバウの明確な定義はありませんが、第二次世界大戦以前の建築と理解されています。ベルリンの住宅地にもアルトバウはたくさん残っていて、その多くが第二次世界大戦よりももっと前の、19世紀後半から20世紀初頭にできたものです。当時は産業革命によって手工業から工場生産へと産業構造が大きく変化した時代。ベルリンの工場で働くために地方から労働者がやって来て、住宅不足に陥ったために建てられました。建設時は通気や日当たりが悪い間取りで不評でしたが、現在はリノベーションされています。外壁や室内には古典的な装飾が施されていて、とてもエレガント。手入れの行き届いたアルトバウは人気があり、築100年以上でも価値が下がることはありません。

27 | April

4月27日

ただ歩くだけで喜びにあふれる春

　心から待ちわびた春。冬至を過ぎれば日脚が延びて光が強くなり、小鳥がさえずり出して→316/365 春の兆しを感じますが、やはり本格的な春の訪れを感じるのは木々が芽吹いて草花が開くとき。クロッカスやスイセンなど季節の花が次々と咲き、やがてリンゴや桜→15/365 の木も満開になり、世界は色とりどりに。芽吹き始めた若い葉は、まるで淡い緑のレースのカーテン。ただ外を歩いているだけで自然と顔がほころびます。東京に住んでいたときは、春の訪れがここまでうれしいと感じたことはありませんでした。むしろ花粉症や年度切り替えなどで、春は大変な季節という印象が強かったと思います。ベルリンに住み、くじけそうになる暗く長い冬を乗り越えたからこそ、光降り注ぐ季節を迎えて喜びにあふれるのでしょう。北海道や東北の人からも同じような話を聞いたことがあります。「北国の春」の喜びは、寒い地方の人々に共通する気持ちなのかもしれません。

28 | April

4月28日

コレクションカップ

　フリーマーケットに通うようになって出合ったのがSammeltassen（ザンメルタッセン）。直訳するとコレクションカップで、花柄や幾何学模様が描かれたカップ＆ソーサーです。おそろいのケーキプレートがセットになっていることもあり、並べると花畑のよう。もともとは市民の間で磁器が手の出せる品になった19世紀のころに、室内の装飾や特別な日のために生まれたものでした。

　私がフリーマーケットでよく見かけたのは、1950年代から70年代に東西ドイツの磁器メーカーで作られた製品です。カップができた時代や国は違っても、ザンメルタッセン特有のかわいらしいテイストは共通しています。フリーマーケットに積まれたダンボールからお気に入りを一客ずつ見つけて買い足していくのは楽しく、まさに「コレクション」カップ。当時の人々もこんな楽しい気分で、ザンメルタッセンを少しずつ買いそろえていったのでしょうか。

29 | April

4月29日

29 / 365

理路整然とした考え方

　ドイツ人と話していると、考え方の道筋が理路整然としていてわかりやすいな、と思うことが多々あります。Aに決めた、なぜならBという理由からだ、といった具合です。小学生のころから学校でディベートの練習をしているからなのか、議論好きとされている国民性から来ているのか、いずれにせよ考えの過程が明確なのは、外国人の私にとって助かることが多いです。

　それは新型コロナウイルスのパンデミックが起こったときにも感じました。コロナ規制を決めるに至った考え方が論理的に思えたのです。未経験のパンデミックに対して日常生活が厳しく制限され、不安だらけの毎日でしたが、政府の方針は明確で、つらいけれども納得がいきました。政府やメディアの市民への伝え方も整然としていました。

　逆に、情緒的な面ではドイツ人と何かを分かち合うのは難しいとも思います。もちろん、人によりますが。

30 | April

4月30日

ヴァルプルギスの夜

4月30日の夜の始まりから、5月1日の夜明け前までは「ヴァルプルギスの夜」と呼ばれる特別な夜。魔女たちがハルツ地方のブロッケン山に集まり、宴を繰り広げると言い伝えられていて、ゲーテの戯曲『ファウスト』にもその様子が描写されています。

ブロッケン山の麓の町々には、この日になると実際にとんがり帽子の衣装を身にまとった「魔女」たちが大集合。パレードをしたりコンサートがあったりと、昼間のうちからすでにお祭り騒ぎが始まり、夜になるとかがり火が焚かれ、魔女の祭りは最高潮に達します。

この「魔女の宴」はキリスト教以前の春を迎える祭りが起源とされており、「ヴァルプルギス」の名は聖女ワルプルガに由来しています。しかし、ワルプルガと魔女の間に関係性はなく、現在のような形になった詳細はわからないとか。かつては異端の存在だった魔女のイメージが、いまでは完全に覆されていることだけは確かでしょう。

1 | Mai

5月1日

5月1日はマイバウム？ メーデー？

　5月1日のドイツと聞くと、思い浮かぶものが2つあります。ひとつは5月の木という意味の「マイバウム」の日。装飾つきの高い柱を広場に立てて、春の到来を祝う日です。しかし、私はベルリンでマイバウムを見たことはありません。私にとってこの日は労働者の日、「メーデー」。これが5月1日に思い浮かぶものの2つ目です。

　この日にベルリンで話題に上るテーマは、デモ→136/365・お祭り・暴動。労働者の日ですから数々のデモや集会が開かれますし、日中は家族で楽しめるストリートフェスティバルもあります。そして日が暮れると一部の人が暴徒化します。ベルリンにおけるメーデーの暴動は1980年代からあり、毎年決まったところで起きる、いわば予定調和の展開。該当エリアでは路駐する車がなくなり（燃やされる危険があります）、外出を控えます（危険ですから）。どうしても暴動が大きく報道されがちですが、ごく普通のデモやお祭りもあるのです。

2 | Mai

5月2日

2穴レバーアーチファイル文化

　ドイツのオフィスや家庭に必ずあるもののひとつが、2穴レバーアーチファイルです。オフィスの場合は壁一面の棚に何十冊も並んでいて、家庭でも同様に、部屋の本棚や物置に何冊も置かれています。オフィスはともかくとして、なぜ家庭でもこのようなファイルがあるかというと、ドイツでは役所・会社などあらゆるところから届く書類・手紙にすでに2穴が開いているから。これを内容別にファイリングするために、2穴ファイルは必需品というわけです。ドイツでは小学校のときからプリントをファイルさせて教育しているそうです。

　2穴レバーアーチファイルは、ルイ・ライツによって1896年にドイツで発明され、現在に至るまで書類整理の基本となっています。写真は他社から出ている類似品ですが、ライツファイルは2穴レバーアーチファイルの代名詞的存在になっています。紙の書類はまだまだあるので、2穴レバーアーチファイルも使われ続けていくことでしょう。

3 | Mai

5月3日

カスターニエと過ごす1年

　春のドイツは花ざかり。満開だった桜が散ってしまうと、今度は自分たちの出番とばかりに Rosskastanie（ロスカスターニエ）の花が咲き始めます。単にカスターニエと呼ぶことが多く、日本語ではセイヨウトチノキというそうですが、フランス語のマロニエのほうがなじみ深いかもしれません。ベルリンでは5番目に多い街路樹です。

　カスターニエの花が一斉に咲き始めるのが5月。小さな花が連なって全体が円錐形のように見えるので、遠目からでも目立ちます。白い花のほかに、同じ仲間で赤い花をつける品種もあります。花の季節が過ぎると、手のひら状に広がった葉が木陰を作って、強い日差しから人々を守ります。そして秋にはクリにそっくりの実をつけます。クリと違って食べられませんが、子どもたちの格好のおもちゃです。

　花を愛でるだけなら、きれいな花はほかにもあることでしょう。でもカスターニエは、1年中私たちを楽しませてくれます。

4 | Mai

5月4日

ショーレという飲みもの

　カフェのメニューに必ず載っている「○○ schorle（ショーレ）」。○○の部分にはアップル、オレンジなどのフルーツか白ワインが入ります。ショーレとは炭酸水 →50/365 で割った飲みもののことで、アップルジュースの炭酸水割りなら Apfelschorle（アプフェルショーレ＝アップルショーレ）、白ワインの炭酸水割りなら Weißweinschorle（ヴァイスヴァインショーレ）となります。白ワインベースがあるなら赤ワイン版もあるのではと思いますが、赤のショーレはあまり見かけません。ショーレのよさは口当たりが軽いところ。ワインや100％ジュースをそのまま飲むのはちょっと重いと感じるときや、喉が渇いてゴクゴク飲みたいときにぴったりです。すでに炭酸水とジュースをミックスしてある商品も売っていますが、その場で割ったほうがおいしい気がしますし、濃さも調整できるのでおすすめです。生のフルーツを加えてフルーツポンチ風にしてもおいしいです。

5 | Mai

5月5日

自転車に子どもをどう乗せる？

　小さな子どもを連れて、自転車でお出かけする機会はドイツでもよくあります。自分ひとりで自転車に乗れない小さな子どもは親の自転車に乗せるわけですが、サドルの後ろにチャイルドシートを取りつけるタイプは少数派。ドイツの主流は、自転車の後ろにつけるベビーカー状のサイクルトレーラーか、自転車の前に子どもが乗る箱状スペースのついたカーゴバイクの2つです。

　サイクルトレーラーのほうは、トレーラー部分だけはずしてバギーとしても使えます。子ども乗せ用カーゴバイクは、親が自転車を漕いでいる間にも子どもが視界に入るメリットがあります。どちらのタイプも子どもと一緒にたくさんの荷物も積めるので、育児中の親には大助かり。ただし、トレーラーやカーゴスペースを含めた自転車全体はそれなりに大きくなるので、ストレスなく走れるような自転車環境→2/365 があるからこそ、広く普及しているのでしょう。

6 | Mai

5月6日

かわいいイチゴ屋台

　4月も終わりに近づくと、町角にイチゴを販売する屋台が登場します。これがとってもかわいいんです！ ベルリンで見かける屋台はドイツ北部に広がる巨大イチゴ農園 Karls（カールス）のものが多く、ボックス型をしていて全体がイチゴのように赤くペイントされ、屋根には緑色のヘタがのっています。この屋台で店員さんが販売するイチゴがまたおいしくて。私はベルリンでイチゴを買うなら必ずカールスで、と決めています。カールスが出店するのはおもにドイツ北部で、そのほかの地域にはまた別の農家の屋台が見られます。カールスの屋台よりもっとリアルなイチゴの形をしたものもあります。

　露地栽培のイチゴを売っているので、屋台が並ぶのは収穫シーズンだけ。ベルリンでは秋がやって来ると姿を消してしまいます。屋台のない、ガランとした空間に一抹の寂しさを覚えつつ、また来シーズンもおいしいイチゴが食べられることを願います。

7 | Mai

5月7日

『光の帝国』のような風景

　ベルギー出身の画家、ルネ・マグリットの代表作に『光の帝国』と名づけられた絵画シリーズがあります。木々の間に立つ家を描いているのですが、構図の上半分を占める空は青空なのに下半分は夜という、現実には「あり得ない」絵として知られています。

　ですが、日脚が延びた5月ごろに外を歩いていると、あり得ないはずの風景が現れるのです。21時を回ってようやく空がバラ色に染まろうとするときに地上はすでに暗く、部屋の明かりが灯っています。これはまさに『光の帝国』の世界そのもの。ベルギーはドイツのお隣ですから、日照時間は似ているはず。きっと同じような風景が見られるのではないでしょうか。マグリットは非現実的で奇妙な絵を描くシュルレアリスム（超現実主義）の画家として有名ですが、『光の帝国』に限っていえば、少なくとも私にとってはレアリスム（写実主義）ではないか……などと、勝手に思いをめぐらせています。

8 | Mai

5月8日

ユーロビジョン・ソング・コンテスト

　毎年楽しみで仕方ない、「ユーロビジョン・ソング・コンテスト」。これは欧州放送連合（EBU）が主催するヨーロッパ各国対抗歌合戦で、EBU加盟の参加国それぞれの代表アーティストが歌を披露し、最後に各国審査員と視聴者の投票で優勝者が決まるという内容です。毎年5月に開かれ、コンテストは各国で中継されます。

　何がおもしろいって、まずはそのパフォーマンス。奇っ怪な演出を必ず誰かが仕掛けてきます。次に、衣装。とにかくどのアーティストも、最大限目立つように力を入れています。そして、審査。各国審査員は自国以外に点を入れますが、旧社会主義国はその国同士で、西欧諸国も互いに入れ合う傾向があり、欧州の縮図のような様相を呈します。また、派手なだけでなく、政治的メッセージを歌う人もいます。ドイツはほぼ万年最下位争いなのですが、2010年にはLena（レナ）が優勝しました。個性的な彼女の歌に、私も魅了されました。

9 | Mai

39 / 365

5月9日

ドイツの父の日は飲んだくれる日

　ドイツにも父の日はありますが、ドイツ東部では「男性の日」といわれており、イースター→1/365から40日目に訪れるキリスト昇天祭の祝日がその日に当たります。イースターの日は毎年異なるので、父の日もそれに合わせて移動し、4月末から6月頭のどこかになります。この日はひと言でいうと、男性たちが集まって森などに出かけ、飲んだくれる日。そこに女性は入りません。母の日→42/365は文字通り母親に感謝をする日なのに、父の日は男同士で羽目を外すのです。ただし、この日は飲酒による交通事故が多いそうで、そうなったら楽しいはずの1日が取り返しのつかないことになってしまいます。

　こんな日こそ、町で見かけるビアバイクの出番かもしれません。カウンターがそのまま長い自転車になったような乗りもので、ビールを飲みながらペダルを漕ぐのです（もちろんシラフの運転手がいます）。しかし父の日もそれ以外も、飲酒はほどほどに、ですよね。

10 | Mai

5月10日

ウインドブレーカーはドイツ人のユニフォーム？

　ドイツとファッション。あまり結びつかない気がしませんか。ドイツ在住の日本人から「ドイツに住んで服装がどうでもよくなった」とよく聞きますし、私も同意します。ファッションとは、それを身につけることで楽しさや喜びを感じたり、芸術品のように美しさを鑑賞したりするものだと思っていたのですが、ドイツ人がファッションに求めるのはそこではなく、おそらく機能性や品質ではないかという気がします。おしゃれではなく、道具に近い感覚で服を選ぶといえばいいでしょうか。アウトドアが好きな点も影響しているかもしれません。

　そんなドイツ人の多くが愛用しているのがウインドブレーカーです。フードやポケットがついていて防寒性があり、アウトドアでも町でも大活躍するウインドブレーカーは、機能性に優れた服としてこれ以上のものはないでしょう。特に中高年における着用率は、見る限りかなり高いと思われます。

11 | Mai

5月11日

5月に舞う雪?

　5月のある晴れた日に窓を開け放していたら、知らない間に床に白い綿のようなものがたまっていました。「なんだろう、これ」と思ったその数日後、今度は歩いているときにふわふわと宙を舞う白い物体を見かけたのです。タンポポの綿毛にしては大きすぎるし、まさか5月に雪? でも空は晴れているし……。

　しばらく謎のままでしたが、あるとき路上でまさにその白い綿の房をつけた木を発見しました。「これだ!」ようやく見つけた正体に興奮して調べたところ、どうやらポプラの綿毛らしいということが判明。この木には雄株と雌株があり、雌株のみが綿毛をつけるとのことで、ポプラが多い北海道でも同じ光景が見られるそうです。

　ふわ〜っと舞う5月の雪は、はかなげで美しいです。でも燃えやすくて火事の原因にもなるそうなので、部屋に積もったら掃除をしたほうがいいですね。

12 | Mai

42
/
365

5月12日

母の日には花束を

　ドイツの父の日→ 39/365 が日本とはだいぶ違うのに対して、母の日は毎年5月の第2日曜日と決まっており、母親に感謝をする日なので日本と似ています。起源には諸説ありますが、アメリカの習慣がドイツにも波及し、1923年にドイツではじめて祝われたそうです。

　日本と異なるのは、定番のプレゼントでしょうか。日本では母の日といえばカーネーションですが、ドイツでは特に決まった花はなく、花束を贈るのが一般的。この習慣は、ドイツの花店連盟が「母の日に花を贈ろう」とPRしたことから始まったそうです。そのほか、カードやチョコレートもお決まりのプレゼントです。子どもがある程度の年齢なら、母親と一緒に旅行に出かけたり、レストランで食事をしたりすることも。この辺りも日本と共通していると思います。父の日は男性同士で楽しみますが、母の日は「女性同士で羽目を外す」とならないのが興味深いところです。

13 | Mai

5月13日

ドイツパン概要

　ドイツの主食はパン。その種類は非常に多く、2000 あるいは 3000 にも上るといわれています。それは、地方色が豊か→311/365 な上に、使われる穀物の種類などが多様だから。多くのパンは、重さや材料の割合などによって名乗れる名称が法律で決まっています。大型パンは最低 250g 以上ですが、主流は 750g や 1kg。これを薄くスライスして、バターやペースト、チーズ、ハムなどをたっぷりのせるのがドイツ式で、おいしい食べ方です。小型パンは 250g 未満と決まっており、日本でも有名なものとしては Brezel（ブレーツェル）が挙げられます。パンに使う穀物にはライ麦、小麦のほかに、スペルト小麦 Dinkel（ディンケル）やカラス麦 Hafer（ハーファー）も一般的。大型パンにはナッツやドライフルーツが生地に入っていたり、表面にカボチャやヒマワリの種子がまぶされていたりと、とにかく多様なドイツパンはドイツの食事に欠かせません。

14 | Mai

5月14日

地下鉄ホームデザイン① パウルシュテルンシュトラーセ駅

　ベルリン市内に張り巡らされた地下鉄は市民に欠かせない足ですが、駅も見応えがあります。ひと駅ごとに異なるホームのデザインは、古典的だったりポップだったりとバラエティに富んでいて、駅を見るだけの目的で地下鉄に乗りたくなるほどです。

　私がいちばんインパクトのある駅だと思うのが、ベルリン北西部にある地下鉄U7線のPaulsternstr.（パウルシュテルンシュトラーセ）駅。花や昆虫が描かれた構内は、あまりにポップかつ大胆で、きっと一度見たら忘れられないと思います。この駅を手がけたのは建築家のライナー・リュムラーで、彼は1960年代後半以降に旧西ベルリンに建設された地下鉄駅の大部分を設計しています。パウルシュテルンシュトラーセ駅周辺にはドイツのジーメンス社（日本ではシーメンスと呼ばれています）があり、この駅の地上部分は社員用家庭菜園だったそうです。それがデザインに反映されているのですね。

15 | Mai

5月15日

衣料回収ボックス

　町角で見かける写真のような大きなボックス。これはドイツ赤十字社の衣料回収ボックスです。まだ着られるけれども不用になった衣料をこのボックスに入れれば、必要としている人々の手に渡るほか、社会的活動の資金の元にもなります。他団体による同様の回収ボックスもあり、そこに入れられた衣料は団体ごとの目的に使われます。

　まだ着られる服を捨てるのは良心がとがめるものですが、何かの役に立つと思えば気も楽になります。ただし、ボックスに入れる衣料は質がよく、きれいな状態のものでないとリサイクルには向きません。

　近年では、先進国が発展途上国に古着を輸出することで、結果的に現地を古着であふれさせたり、現地の製造業を脅かしたりしているというニュースも耳にします。それを防ぐには、使用用途をきちんと公開している団体の回収ボックスに、リサイクルできる質の衣料を選んで入れることが、一消費者としてせめてものできることでしょうか。

16 | Mai

5月16日

気軽なホームパーティー

　気軽なホームパーティーは楽しいもの。理由をつけては誰かの家に料理や飲みものを持ち寄って、みんなでわいわいと話すようなパーティーです。ベルリンの住まいは比較的広く、公共交通は深夜運行もしているので、ホームパーティーを開きやすい環境があるのでしょう。大人数が集まるパーティーなら、まずは集合住宅の入り口にメモを貼って「ちょっと騒がしいかもしれませんが、よろしく」というようにご近所さんに知らせておきます。「よければいらしてください」と書かれていることもあります。一緒に楽しんでもらえば、騒音へのクレームも減りますから。パーティーのホストは食器や音楽の準備をしますが、カジュアルなものはそんなに気を張る必要はありません。ゲストは開始時間きっかりに集まるというよりは、各自が適当にやって来て適当なタイミングで帰ります。みんなで楽しい時間をともに過ごすというのが、何より大切なことだと思います。

17 | Mai

5月17日

2大ドラッグストアチェーン

　コスメやシャンプー、洗剤にお菓子、文具など、生活必需品がそろうドラッグストアは便利な存在です。ドイツには Rossmann（ロスマン）と dm（デーエム）という圧倒的に大きな2つのドラッグストアチェーンがあります。どちらも 2022 年の時点で国内に 2000 を超える支店があり、ロスマンのほうがデーエムをわずかに上回っています。

　どちらのチェーンも品ぞろえは似ていますが、オリジナル商品やお店の雰囲気に多少違いがある気がします。デーエムの方はオリジナルブランドのマーケティングが優れている印象があり、おしゃれで時代の雰囲気を敏感に取り入れた商品が多いと思います。ロスマンは小さな町にもあり、地に足のついたイメージです。私はどちらも利用しますが、お気に入りのオリジナル製品を買うときはロスマン、ちょっと目新しいものを探したいときはデーエムと、目的に合わせて使い分けています。

18 | Mai

5月18日

ヴィーガンは持続可能な社会のため

　ヴィーガンとは、卵や乳製品も含めた動物性食品を一切口にしない完全菜食主義の人のこと。2023年に行われた「菜食に重点を置いた栄養レポート」によると、ドイツにおけるヴィーガンの割合は3%、卵や乳製品も食べるベジタリアンは9%です。それだけだと少なく聞こえるかもしれませんが、なるべく肉や魚を少なくするフレキシタリアンとなると、41%に上ります。ヴィーガンフレンドリーな町といわれるベルリンでは、ヴィーガンやベジタリアンと出会うことは珍しくありません。一般的なレストランやカフェでも、ヴィーガンやベジタリアン用のメニューがほぼ必ず用意されているほど身近です。

　前述の調査によれば、ヴィーガンになった理由として最も多いのは「環境のため」。以下「動物福祉」「健康」と続きます。味の好みやおいしさよりも、持続可能な社会という理性的な理由からヴィーガンを選択している点にドイツらしさを感じます。

19 | Mai

49 / 365

5月19日

聖霊降臨祭のバラ

　イースター→1/365 から50日目の日曜日は聖霊降臨祭。キリストの弟子たちの上に聖霊が降臨したことを記念する日です。キリスト教にとってはイースターとクリスマスに次ぐ大きなお祭りの日で、ドイツでは翌日の月曜日は祝日です。イースターの日が毎年移動するため、聖霊降臨祭も年によって変わりますが、だいたい5月中旬ごろから6月中旬ごろになります。

　この時期に咲くのがシャクヤクの花。ドイツ語名は Pfingstrose（プフィングストローゼ）で、直訳すると聖霊降臨祭バラです。花店ではシャクヤクがたくさん飾られて、花束にもよく使われます。色は濃いピンクから薄いピンク、白が多く、つぼみはまんまるで愛らしさ満点。幾重にも重なった繊細な花びらが徐々に広がっていく姿は、本当に美しくエレガントで、ドイツでは愛の象徴の花といわれているのにも納得します。この季節に一度は必ず飾りたい花です。

20 | Mai

5月20日

炭酸水が大好き

　ドイツ人は炭酸水が大好き。レストランでミネラルウォーターを頼めば、ガス入りかガスなしかを必ず聞かれますし、スーパーマーケットではさまざまな商品が売られています。その土地周辺の銘柄が中心で、炭酸が強めの Classic（クラシック）のほかに、弱めの Medium（メーディウム）もあります。自宅用炭酸水メーカーを持っている家庭も珍しくありません。炭酸水としてそのまま飲むほか、ジュースやワインを割って Schorle（ショーレ）→ 34/365 にもします。

　炭酸水を最初に口にしたときは、なんともいえない不慣れな味を感じて苦手でした。しかし、いつの間にか大好きになってしまったのですから不思議なものです。私はデスクの傍らに常に飲みものを置いているので終日飲んでいますが、特に夏の暑い日には炭酸水なしではいられません。レモンの薄切りを浮かべれば味も見た目もさわやかですし、糖分がないのでカロリーも気になりません。

21 | Mai

5月21日

橋を渡れば外国

　ヨーロッパの中央部に位置しているドイツは、周囲を9ヵ国と接しています。そのため、川が国境で、橋を渡った先は外国ということがよくあります。入国審査は、通常はほぼありません。まるで隣の町に行くような感覚で、橋を渡りきることができます。

　しかし、不思議というかあたり前というか、渡りきった先はきっちり外国なのがおもしろいところです。言葉や通貨（隣国スイスやポーランドには独自の通貨があります）が違うのは当然ですが、町の雰囲気や人の感じもドイツとは違って、目と鼻の先なのに「あぁ、外国に来たな」と思います。

　国境近くに住む人は、日曜日に買いものをしたいときには隣国へ出かけたり（ドイツには閉店法 →65/365 があるので、日曜日はお店が休業です）、隣国のほうが安いものを買いに行ったり。逆もまた然りで、隣国の人もドイツにやって来ます。

＊たとえ入国審査がなくても、ドイツ人は ID カードを携帯しています。
日本人はパスポートを持参してください。

22 | Mai

5月22日

辺り一面の菜の花畑

　黄色、黄色、きいろ。春のドイツを列車や車で走ると、黄色のじゅうたんが見えます。特に旧東ドイツ地方では、辺り一面に広がっています。これは菜の花畑で、4月から5月にかけて鮮やかな黄色の花を咲かせます。近くに行くと菜の花特有の強い匂いに酔ってしまいそうなほど。ドイツの農地面積は1650万haで国土の半分弱に当たりますが、連邦農業情報センターによると、農地のうち約7割は作物が栽培されているそうで、2022年の菜の花の栽培面積は小麦や飼料用トウモロコシなどに次いで第4位。どうりでよく見かけるわけです。

　菜の花は幅広い用途に使われています。種子から取れる菜種油は、炒めものやドレッシングに使う身近な食用油。また、菜種油を原材料としてバイオディーゼル燃料も作り出せます。そして、油を搾ったあとは動物の飼料に。菜の花畑は私たちの目を楽しませてくれるだけでなく、暮らしに役立つ大切な存在なのだと知りました。

23 | Mai

5月23日

浸透するジャパニーズ・ポップカルチャー

「One Piece」「Dragon Ball」「Yu-Gi-Oh!」「NARUTO」。書店に並ぶマンガの本です。日本の作品がたくさんドイツ語に翻訳されているのがわかります。日本文化、特にマンガやアニメのようなポップカルチャーは一部の熱心なファンだけでなく、広く一般に浸透していると感じます。日本関連の大規模イベントは、デュッセルドルフ→284/365で2002年から始まった「日本デー」を筆頭に、アニメ・エキスポの「DoKomi」、ヴィースバーデンのアニメ・マンガイベント「Connichi」、ベルリンの「日本フェスティバル」など各地で開催されています。私も覗いたことがありますが、ヨーロッパを舞台にした日本のマンガ作品のコスプレをドイツ人がしているのを見て、登場人物そのものではないかと思ったりしました。私はドイツ人と日本人のメンタリティは違う部分が大きいと感じていますが、マンガやアニメを通して日本の文化や感性がどのように伝わるのかが興味深いです。

24 | Mai

5月24日

ドイツ版プリクラ

　日本で人気のプリクラを、ドイツで見たことがありません。日本人が多く住むデュッセルドルフ→284/365 にはあったそうですが、それ以外の町で私は見たことがないのです。でも、ドイツ版プリクラといえるような機械はあります。それが上の写真にあるようなボックス。路上にあって、入り口にはカーテンがつるされています。

　この「ドイツ版プリクラ」の最大の特徴はモノクロだということ。ちょっとピンボケ気味の、味のあるモノクロ写真が4カット撮れるのです。レトロさが受けたのか、ベルリンでは大人気に。狭いボックスに無理やり何人も入り込んで変顔をしていたりするのを見ると、プリクラを撮るノリというのはどこも変わらないなと思います。友だちとの一瞬を写真に残す楽しさは、世界共通なのでしょうね。

　ちなみに、きちんとした証明写真として使えるカラーのスピード写真ボックスは、これとは別にちゃんとあるのでご安心を。

5月25日

買いものは選挙

　ものを買うとき、何を基準にするかは人や目的によってさまざまですよね。ものにもよりますが、「価格」「好み」「機能」などは共通するところかと思います。それに加えてドイツでよく聞くのが「持続可能かどうか」「企業姿勢」です。「あの企業を支持しない」というセリフは、SDGsという言葉が広まる前からよく耳にしていました。支持しない理由は、製造過程で環境にかかる負荷が大きいからとか、劣悪な労働環境だからというように、企業の姿勢に関わることです。そうした考え方から、たとえば洋服では、質が高くて長く使えるベーシックなもの、食分野ではオーガニック→73/365や動物福祉→221/365に配慮したものを選ぶという意見を聞きます。一方でファストファッション店も多いのですが、持続可能な社会を掲げる時代の流れで、企業側も変化してきています。こうした状況を見て、買いものは毎日の小さな選挙なのだと思うようになりました。

26 | Mai

5月26日

夏の夕暮れのピクニック

　いつも食べているものをお弁当にして外で食べるだけで、どうしてこんなにもしあわせな気持ちになれるんでしょう。ピクニックには何か魔法の力があるのではないかと思います。

　遠くへのお出かけも楽しいですが、思い立って近くの公園に行くのもいいものです。お弁当だって、家にあるパンやチーズ、フルーツをタッパーに詰めれば完成です。水筒にはジュースやコーヒー。敷物は……大きな布があればいいですが、なければ私はエコバッグ→164/365 で代用しています。

　忙しくしていたある夏の夕暮れに、長らく離れていた友人と急に会えることになりました。積もる話がたくさんある私たちが選んだ場所は、芝生が続く広い公園です。近所で買ったパンとワイン、イチゴにポテトチップスを広げて何時間もおしゃべりは続き、気づけば辺りは真っ暗に。それでもしばらくピクニックは続いたのでした。

27 | Mai

5月27日

電気自動車の行方は

　有害な排気ガスを出さないため、世界的に普及しつつある電気自動車（EV）。欧州連合（EU）は、2035年以降のエンジン車の新車販売をいったんは禁じた（現在は合成燃料車に限り販売可能と変更）ように、既存のエンジン車からの移行を試みています。ドイツでもEVを普及させるために補助金を支給していました。

　ただし、ガソリン車と同様に便利に使えるかどうかは、また別問題のようです。EVを購入した友人は「充電スタンドが少ないから、通勤とかのルーティンで使うならともかく、長距離の走行には不向き。郊外の充電スタンドは不便な場所にあることが多くて、充電にも時間がかかるし、スタンドが壊れていることもあるし」と、話していました。充電インフラなどは今後もさらに普及していくのでしょうが、ドイツの自動車メーカーはEV分野では後れを取っているようで、今後の展開は一筋縄ではいかないのかもしれません。

28 | Mai

5月28日

お茶といえばハーブティー

　日本で生まれ育った私は、お茶と聞くとすぐに緑茶を思い浮かべますが、ドイツでお茶といえば紅茶・緑茶だけではなく、茶葉が原料ではないハーブティーやルイボスティーも含めて幅広く捉えられています。ドイツお茶・ハーブティー連盟の2022年の統計によれば、紅茶・緑茶の消費量がお茶全体の32.2％に対して、ハーブティーとフルーツティー（茶葉を含まない果実が主成分のティー）は67.8％に上るそうで、むしろ茶葉以外のティーが人気です。

　ハーブティーはティーバッグで飲む人が多数派で、スーパーやオーガニックショップの棚にはハーブティーの箱がずらりと並んでいます。カモミール、ペパーミントなどのオーソドックスなハーブのほかに、数種類のハーブをブレンドしたものや「しあわせのティー」「上機嫌のティー」といった目的別ブレンドのハーブティーも。私も気分やシチュエーションに合わせて、気軽に楽しんでいます。

29 | Mai

5月29日

美しい駅舎

　鉄道の旅が好きです。車窓からのんびり風景を眺める非日常感がいいのですが、それだけではありません。駅舎もまた格別の味わいがあります。中央駅→272/365 は歴史がある建築が多く、そこにいるだけでまるで自分が古い映画の世界に入ってしまったかのような気になります。頭端式ホーム→125/365 や、何本も平行に並ぶ線路とホームをまたいで全体を覆うアーチ状の屋根にもヨーロッパらしさを感じます。

　特に美しいと思うのは、ライプツィヒ中央駅。この駅自体が観光スポットといえるほどで、一見の価値があります。趣のある小さな駅もたくさんあります。たとえば北東部のシュトラールズント中央駅。構内にはシュトラールズントと対岸のリューゲン島を俯瞰した絵が壁の両側に描かれていて、これから始まる旅への期待をいっそう高めてくれます。上の写真は、ドイツ最北端の駅に当たるヴェスターラント駅。美しいでしょう？ 北西部のズィルト島にあります。

30 | Mai

5月30日

WECKのガラス容器

　何かと重厚長大な製品が多いドイツですが、このWECK（ヴェック）のガラス容器はドイツらしからぬかわいさがあって、大好きです。ヴェックは家庭で食品を密閉できるガラス容器で、誕生したのが1900年。食品を入れた容器を専用のゴムパッキンとクリップで止めてお湯の中で煮れば空気が外に出て密閉状態になるため、保存食作りに欠かせないアイテムとして浸透しました。その様子は、煮沸して食物を保存するという意味の単語「einkochen（アインコッヘン）」をもじって、「einwecken（アインヴェッケン）」という動詞まで誕生したことからもわかります。容器の側面とフタに入ったイチゴのロゴがあまりにもかわいいので、私はシュガーポットとして使っています。

　じつはこのメーカーが2023年6月に破産申請をしてショックを受けていましたが、その後別会社が買収するニュースも流れました。愛らしいヴェックの容器がこれからも生き残ってくれますように。

＊日本では「ウェック」の名で親しまれていますが、
ここではドイツ語の発音に則って「ヴェック」と書いています。

31 | Mai

5月31日

庭に棲むハリネズミ

「うちの猫の餌、ほかの動物に食べられているような気がして」友人宅を訪ねると、彼女が言うのです。そのお宅は森に近い庭つきの一軒家。ガレージに置いてある飼い猫の餌が、おかしな早さでなくなってしまうそうなのです。その矢先、ガレージでガサゴソという物音が。「猫の餌泥棒が来ているに違いない」と懐中電灯持参で行くと、果たしてハリネズミが一心不乱に餌を食べていたのでした。

ドイツでは野生のハリネズミは珍しくないのですが、田舎の雑木林などが農地として整備されたために、自然が残る都市部に生息地が広がっているとの記事を読みました。このままだと個体数がどんどん減ってしまう恐れがあるので、ドイツ野生動物財団は警告の意味を込めて、ハリネズミを「2024年の動物」に選んでいます。友人の後日談では、猫の餌を食べていたハリネズミが寄生虫に感染したので、獣医処方の薬で助けたとか。きっと今日もどこかの庭にいることでしょう。

1 | Juni

6月1日

DIYで自分自身を知る

　ヨーロッパの国々ではどこもDIYが盛んと聞きますが、ドイツも例に漏れません。壁塗りや壁紙の貼り替え、家具製作は朝飯前。中には家中ほぼすべてを改造してしまうような達人もいて驚きます。ホームセンターに行けばありとあらゆるものがそろっていて、ただ見ているだけでも飽きません。

　こんなにDIYがあたり前なのは、それをしなければ普通の生活ができないからという背景もあります。私がベルリンの賃貸アパートでひとり暮らしを始めたとき、キッチンには吊り戸棚すらありませんでした。でも逆にいえば、自分仕様にできるということ。友人の助けを借りて壁にドリル→328/365で穴を開けネジを差し込み、自分の背の高さに合わせて棚板を取りつけたり、壁や部屋の扉を好きな色に塗ったりしました。この経験で、自分の生活様式や自分自身を見つめ直すことができたような気がします。DIY、奥が深い世界です。

2 | Juni

6月2日

宗教と地域

　ドイツに住む人々の宗教は、外務省のホームページによるとカトリックが最も多く24.8％、プロテスタント22.7％、ユダヤ教が0.1％で、キリスト教が約半数を占めています。カトリックとプロテスタントの分布は、非常に大まかにいうと、ドイツ南部はカトリックが主流で、北部はプロテスタントが多数派となり、かつて社会主義国だった旧東ドイツ地域では宗教を持たない人が多いです。ドイツでは州ごとに祝日が異なる場合がありますが、カトリックに基づく行事が多い南部の州のほうが、北部よりも祝日が多くなっています。

　キリスト教徒が全員敬虔なのかというと、そうとはいえないようです。ベルテルスマン財団のレポートでは、教会員の4人にひとりは所属教会からの離脱を考えたとあり、教会へ通う頻度や神の存在を信じる人の割合も、10年前に比べて顕著に下がっています。私の周りにも日常的に教会に通うクリスチャンはわずかです。

3 | Juni

6月3日

クラインガルテン

　大都市の中心部は集合住宅がほとんどで、一戸建て住宅は郊外に行かないとありません。集合住宅についている庭や中庭はありますが、共有スペースなので自分の思い通りにするわけにはいきません。そこで園芸好きはKleingarten(クラインガルテン)を借ります。

　これは賃貸制のドイツ版市民農園で、広い庭の一角に宿泊もできる小さな家がついたもの。医者で教育者のモーリッツ・シュレーバー博士の提唱によって広まったためにSchrebergarten(シュレーバーガルテン)とも呼ばれています。19世紀に生まれたこの市民農園は、自然と切り離された環境にいた当時の都市労働者や子どもたちが緑に触れたり、貧しい人が食料を生産したりする役割を果たしました。現在では人々はここで作物を育て、採れたての野菜や果物をその場で料理して楽しみます。中には庭作業よりも日光浴やバーベキュー→84/365に精を出す人も。都市生活者の憩いの場なのです。

4 | Juni

6月4日

日曜日はお店が休む閉店法

　日曜日はお店の書き入れどき。そんな常識が通用しないのがドイツです。ドイツには閉店法という法律があり、閉店しなければならない時間が決められています。基本的には日曜・祝日の終日、土曜日を含む平日の6時までと20時以降、12月24日が平日の場合は6時までと14時以降が閉店時間。ただし、駅やガソリンスタンド、薬局など一部例外はあり、飲食店は閉店法の対象ではありません。2006年からは州ごとに閉店時間を決められることになり、ベルリンでは毎日曜営業のスーパーがあるほか、年に数回は日曜営業が許可されますが、あくまでも例外的存在。日曜は休むのが普通です。閉店法に反対する声は以前からありますが、私はお店が休みだからこそ、のんびりした日曜日を過ごせると思っています。ドイツで暮らしてから、日曜に買いものできない不便さよりも、平日に買いものを済ませられるワーク・ライフ・バランスがあるほうが大切だと思うようになりました。

5 | Juni

6月5日

屋根の上のコウノトリ

　教会の塔や民家の屋根の上に鳥の巣を発見すると、「ここにもコウノトリが来るのかな」と思います。ヨーロッパの多くの国に生息し、ドイツ各地でも見られるコウノトリは、塔のような高い場所に巣を作るのです。厳密に言うとヨーロッパのコウノトリは日本のものとは違い、日本で「シュバシコウ」と呼ばれる鳥を指しますが、ここではコウノトリと書くことにします。

　コウノトリは、ヨーロッパでは春を告げる鳥、赤ちゃんを連れてくる鳥といわれる縁起のいい鳥です。寒くなるとアフリカまで飛んで越冬し、春になるとヨーロッパに戻って繁殖しますが、近年ではアフリカまで行かずにその手前で冬を越すケースも見受けられるとか。コウノトリの数は20世紀半ばに比べて増えているそうですが、それは冬の移動距離が短くなっている分、危険が減って体力も温存できていることが一因のようで、ドイツの自然団体が調査をしています。

6 | Juni

6月6日

ドイツケーキ概要

　ケーキは日常的な食べもの。家庭でも気軽に焼きますし→158/365、パン店や菓子店でもよく買います。ケーキに相当するドイツ語は2つあります。ひとつはKuchen（クーヘン）で、焼きっぱなしのケーキのこと。中でも、オーブンの天板に生地を流して季節のフルーツなどをのせて焼き上げ、切り分けたBlechkuchen（ブレヒクーヘン）は日常的なケーキです。2つ目はTorte（トルテ）で、焼いた生地にクリームやフルーツをはさんだり、表面をきれいにデコレーションしたりしたもの。ドイツのケーキは大きめですが甘さは控えめで、私は苦もなく1個食べてしまいます。カフェでケーキを頼むとホイップした生クリームを添えるか聞かれることがありますが、クリームは甘すぎず、ケーキとの相性はばっちり。暖かい季節はフルーツなどを使った軽めのケーキ、寒くなるとチョコレートやナッツの重めのものが多くなり、ラインアップからも季節を感じます。

7 | Juni

6月7日

妻入りの家、ギーベルハウス

　私にとっての「ザ・ヨーロッパの町並み」は、切妻屋根（本を開いて伏せたような山型の屋根）をのせた、間口の狭い妻入りの家が左右にずらりと並んでいる風景です。妻入りの家とは、この写真のように屋根の三角形が見える側に正面玄関がある家のこと。ドイツ語でGiebelhaus（ギーベルハウス）といいます。正面の壁の上部には階段状や渦巻き状の装飾が施されており、これがたまらなくヨーロッパらしいと思います。装飾つきのギーベルハウスは、ドイツだけでなくオランダ、ベルギー、ポーランドなど、ほかのヨーロッパ諸国でも見られ、ドイツでは中世からの町並みが続くリューベック、シュトラールズント、リューネブルク、ランツフートなどが有名です。戦争で破壊されたミュンスター旧市街にも、再建されたギーベルハウスが並んでいます。こうした町はまるでテーマパークのようで、私はいつも夢中になって歩き回り、カメラのシャッターを切っています。

8 | Juni

6月8日

ドイツ生まれのオーガニック炭酸飲料

　ドイツの定番清涼飲料水といえば、コーラ、スプライトなどの世界的なブランド。ジュースなどを炭酸水で割ったショーレ→34/365 もポピュラーです。そこへ登場したのが、ドイツ生まれの清涼飲料水「Bionade（ビオナーデ）」。ビール醸造家の創業者が、ビール醸造の要領でノンアルコールの清涼飲料水を作れないかとひらめき、長年の歳月をかけて1994年に発売されました。最初に出たフレーバーはライチというかなりマニアックなものだったせいか、発売当初はパッとしなかったようです。しかし、ハンブルクで注目されてから一躍メジャー飲料に。甘さ控えめでゴクゴク飲めて、何よりオーガニック（ビオ）→73/365 というのがドイツ人の嗜好にぴったりだと思います。現在のフレーバーはエルダーフラワーベリー、濁りレモン、ジンジャーオレンジ、ライチ、ハーブなど。ライチが健在なそのラインアップには、創業当初のマニアック感がいまもほんのり残っています。

9 | Juni

6月9日

夏はハチにご用心

　湿気のない、カラッと快適なドイツの夏は、レストランのテラス席が満席になる季節。さわやかな風を感じながら太陽の下で食事を楽しんでいると、それだけでしあわせな気持ちになります。

　ただひとつ、注意すべきことがあります。それはドイツのスズメバチ。日本のよりも小さく、こちらが刺激しない限りハチは攻撃しないといわれていますが、屋外の飲食物を狙って飛んできたスズメバチに気づかずに刺されてしまうこともあります。私は怖がりなのでハチの姿を見かけると決して手を出さずにいるのですが、それでもこれまでに2回刺されてしまい、痛い思いをしました。

　もし刺されたら？ 薬局で聞くと「まず冷やして」とのことでした。塗り薬も売られています。ドイツで昔から伝わる方法は、半分に切ったタマネギを患部に当てること。消毒と炎症を鎮める働きがあるそうです。でも、まずは刺されないように、どうか注意してください。

10 | Juni

6月10日

システムキッチンの原型はドイツ生まれ

　食材や食器を保存・保管する、食材を洗う、切る、調理する、盛りつける……多くの作業を行うキッチンは、住まいの中でも最も動線や効率を考える必要がある空間ではないかと思います。シンクやコンロを1枚の板で一体化させたシステムキッチンは、見た目に美しいのはもちろん、効率的に作業が行えるという点で優れていると感じます。

　効率的なキッチンの原型ともいえるのが「フランクフルト・キッチン」です。これは労働者が増えて住宅不足に陥っていた1920年代のフランクフルトで、低所得者層向け大規模集合住宅が建設された際に誕生したキッチンです。設計したのはオーストリア出身の建築家、マルガレーテ・シュッテ＝リホツキーで、彼女は狭くても効率よく作業できる合理的な「フランクフルト・キッチン」と呼ばれる形式を生み出しました。現代では食卓も一緒にある広いダイニング・キッチンも多いですが、キッチンの合理性はいまもなお受け継がれています。

11 | Juni

6月11日

アイスカフェーはデザートか飲みものか

　暑い日にカフェのメニューを見れば、そこには Eiskaffee（アイスカフェー）の文字。アイスコーヒーかな？ と思いますが、出てくるのはコーヒーにアイスクリームとホイップクリームがたっぷりのっかった、日本のコーヒーフロートに似たものです。Eis（アイス）→3/365 はドイツ語でアイスクリームの意味なのです。

　私はこのアイスカフェーを飲みものだと認識しているのですが、もしかしたらドイツではデザート扱いなのかもしれません。以前取材をしたカフェで「コーヒーメニューをいくつか紹介したいのですが、その中にアイスカフェーを入れたいです」と言ったら「あれはデザートだから」という答えが返ってきました。そういえば、アイスカフェーはコーヒーを売りものにしたカフェにはありません。

　ところで日本でいう、いわゆるアイスコーヒーはドイツにあるのでしょうか。答えはこちら→135/365 をご覧ください。

12 | Juni

6月12日

なぜオーガニックを選ぶのか

　ドイツにおける食への興味は、美食よりも環境や安全性に向いていると思います。オーガニック専門のスーパーや小売店が多く、一般スーパーにも独自のオーガニックブランドがあります。何気なく手にした食品にEU認定やドイツ認定のBio（ビオ＝オーガニック）マーク、そのほかドイツの各オーガニック団体のマークがついていることはしばしばあり、ごく一般の生活にあたり前に浸透しています。

　なぜオーガニックを選ぶのか。その理由が私には非常にドイツらしく思えます。連邦食糧・農業省が発行する「エコ・バロメーター2022」では、「動物福祉」→ 221/365 と、「可能な限り自然な食品がいい」を回答者の90％が挙げており、同率1位。以下「地元産業を支援したい」が88％、「健康的な食品」が87％と続きます。この内容はヴィーガン→ 48/365 になった理由とも重なる部分があります。「味」の面からオーガニックを選ぶと答えた人は67％で11位でした。

13 | Juni

6月13日

誕生日の幹事は自分

　年に一度の特別な日、それは誕生日。日本では誕生日パーティーを開く場合、誕生日を迎える当人の家族や友人が幹事をすると思います。ところがドイツではその逆。本人自らがパーティーを企画し、主催します。みんな一緒に自分の誕生日を祝おう、というスタンスです。

　パーティーの内容はさまざまです。33、44といったゾロ目や、50、60など切りのいい数字の年齢を迎えるときは盛大にお祝いをする習慣があり、レストランを貸し切ることも。暖かい季節に生まれた人は、誕生日に屋外でバーベキューやピクニックパーティーを企画していました。ゲストが主催者に贈る誕生日プレゼントもいろいろで、カジュアルなパーティーでは「プレゼントは不要だから、気軽に来て」と言われることもあります。私は毎年、誕生日が近い友人たちと合同で、屋外で持ち寄りパーティーを開いていました。誕生日を祝うのは、いくつになってもいいものだなと思います。

14 | Juni

6月14日

ベルリンのインテリア

　衣食住の中でドイツ人にとって最も重要なものは、住だと思います。冬が長いと必然的に家にいる時間も長くなるので、住まいを快適にしたくなるのは当然かもしれません。また、ドイツは建築や空間など、大きなものをデザインするのが得意なように感じます。私はこれまでにおそらく数百軒の個人宅を取材してきましたが、ドイツのインテリアは全体的にシンプルで機能的、かつ温かみがあります。

　ただし、ベルリンのインテリアはちょっと違います。クリエイティブな仕事に関わる人が多いからか、独創的でおしゃれな住まいが多く、その発想に「なるほど！」とうなることが多々あります。コーヒーカップをランプシェードに作り変えてみたり、シンプルモダンな部屋に敢えてキッチュな小物を置いて完璧さを崩してみたり、部屋中を色であふれさせたりと、思い思いの「自分スタイル」を追求していて素敵です。住まいとは、住む人を映し出す鏡のようなものですね。

15 | Juni

6月15日

夕食は冷たい？

　ドイツの典型的な夕食は、大型パンをスライスしたものにバターやハム、チーズ、ペースト類などを添えたもの。こうした食事を「晩のパン」という意味のアーベントブロート、または直訳で「冷たい食事」となるカルテス・エッセンといいます。もちろん冷やして食べるわけではなく、火を使わない食事ということです。ドイツでは昼に温かい料理をたっぷり取って午後の活動を支え、夜は寝るだけなので軽く済ます傾向にあります。考えてみれば合理的ですね。最近では、家族がそろう夜に温かい夕食をとる家庭も増えていますが、比較的何品も作ることの多い日本に比べれば、はるかに簡単なものです。

　私はどうしても夜に温かいものがほしいので調理しますが、火を使わない夕食は準備が簡単ですし、胃もたれもしません。パンにのせる食材次第で幅広い嗜好にも対応できます。たとえば食欲のない日に火を使わない夕食を試してみるのもいいかもしれません。

16 | Juni

6月16日

交通手段はシェアリング

　車にスクーターに電動自転車、電動キックボード。以前から乗りもののシェアリングサービスはありましたが、ベルリン市内の公共交通を運行しているベルリン市交通局（BVG、ベー・ファオ・ゲー）が複数のシェアサービス会社とコラボをし、公共交通と乗りものシェアリングを組み合わせて市内をスムーズに移動できるサービスを2019年から始めています。Jelbi（イェルビ）というサービスで、専用アプリを利用すると、公共交通と乗りものシェアリングを使った目的地までのルートが複数提示され、乗りものレンタルや支払いまで完了できるというもの。ベルリン市内の各所にイェルビステーションというスポットが設置され、シェアリング用スクーターや電動キックボードが止まっています。友人は約束の場所に「地下鉄を降りてこれに乗り継いだ」と、シェアリングの電動キックボードに乗ってさっそうと現れました。アプリひとつでベルリン市内を縦横無尽に移動できそうです。

17 | Juni

6月17日

挨拶は大切

　ドイツで痛感したのが挨拶の大切さ。知人かそうでないかにかかわらず、多くの場面で挨拶を交わしています。知り合いと交わす挨拶は「こんにちは、○○さん」というように、相手の名前をつけるのが一般的で、名前がないとなんとなくそっけないように感じます。

　知らない人に挨拶する機会もたくさんあります。たとえば、診療所の待合室やこぢんまりしたホテルの朝食ルーム。先客がいるときは「こんにちは」「おはようございます」と言ってから席に座ります。私はついそれを忘れがちで、あとから来た人の挨拶を聞いて、しまったと思うこともしばしばあります。自分の中で習慣化されていないのですね。お店に入るときも挨拶は欠かせません。特に小さな個人店では必要です。お店の人がお客に「こんにちは」と言っているのに、無言で入店して店内を眺めて去っていくのは相手の心証を悪くします。逆に、挨拶ひとつで他人と円滑にコミュニケーションできます。

18 | Juni

6月18日

あまりに遅いインターネット回線

　生活に必要不可欠なインターネット回線。総務省のデータによれば2021年のドイツのブロードバンド加入率は44.2％で、36.1％の日本よりも高いのですが、問題は回線速度です。インターネット接続速度のテストアプリを開発したアメリカのOoklaのデータによれば、2023年12月時点での固定ブロードバンド速度世界ランキングでドイツは51位。日本は16位なので日本の感覚では遅く、私の自宅の回線も遅かったです。ドイツでは光回線の普及も遅れていて、OECDの統計では2022年12月時点で約9％。日本の光回線普及率は世界2位で約85％です。2023年にベルリンで光回線の広告を見かけて「いまごろ？」と思いました。コロナ禍では、学校の授業のオンライン化や在宅勤務で家族全員がネットを使う状況もあり、回線速度が遅くて大変だったという話も聞きました。なんでもオンラインでできるようになれば便利ですが、それも快適なネット環境があってのことですよね。

19 | Juni

6月19日

ゴミ分別

　環境先進国といわれるドイツでは、ゴミの出し方もさぞや厳しいのでは……と思われるかもしれません。確かに分別する数は日本より多いのですが、集合住宅ではアパートの共有部分に置かれているゴミ回収コンテナに曜日に関係なく出せるので、ストレスを感じません。

　ゴミ収集のシステムは自治体によって異なりますが、ベルリンではベルリン市清掃局（BSR、ベー・エス・エア）が担っています。家庭から出るゴミは、食べ残しや落ち葉などの生ゴミ、プラスチックやパッケージなどの資源ゴミ、紙ゴミ、ガラス瓶ゴミ（無色透明、緑色、茶色に分かれています）、それ以外の一般の家庭ゴミに分別しています。一般家庭ゴミのコンテナは黒、紙ゴミは青というように、ゴミの種類によってコンテナが色分けされているので一目瞭然。保証金つきの瓶・缶・ペットボトル→208/365や、リサイクルできる状態の衣料→45/365は、それぞれの専用回収ボックスに持参します。

20 | Juni

6月20日

ブイヨン用野菜セット

　青空市場→86/365 やスーパーマーケットで、数種類の野菜が束の状態で売られているのを見かけます。最初はカレー用野菜セットなのかなと思いましたが、これはブイヨン用。だいたいニンジン、根セロリ（セロリアック）、ポロネギ、パセリまたはイタリアンパセリあたりが束にされており、これらを切ってコトコト煮て野菜ブイヨンを取るのです。ブイヨンは味を整えてスープにするほか、お肉と一緒に煮込んだりと、使い方はいろいろ。ストックしておくと重宝します。ですが、ブイヨンを取るまで煮るのはそれなりに時間がかかるので、私はいつも粉末の野菜ブイヨンを使っています。私の周りには料理好きの人があまりいないせいか、この野菜セットを実際に使っている人を知らないのですが、食品売り場では必ず見かけるものなので、料理に欠かせないものには違いありません。休日に野菜セットで一からブイヨンを取ったら、おいしい料理ができそうですね。

21 | Juni

6月21日

夏の始まりは音楽とともに

　昼の時間が最も長い夏至の日を、ドイツ語では「夏の始まり」という意味のSommeranfang（ゾンマーアンファング）といいます。この日、ドイツの大都市は音楽であふれます。特設ステージ、広場、カフェのテラス、公園……町を歩けば、人々が奏でる多彩な音楽があちらこちらから聞こえてきます。これは毎年夏至の日に開かれるFête de la Musique（フェット・ド・ラ・ミュージック）という音楽フェスティバル。名前を見れば想像がつくように、このお祭りは1982年にフランスではじめて開催され、その後世界に広がりました。ドイツでは1985年にミュンヘンで行われたのが最初で、いまでは国内80以上の都市が参加し、夏至の日は音楽フェスティバルというイメージが定着しています。プロやアマチュアが演奏する音楽ジャンルは、ギター弾き語りからポップスのバンド、合唱まで幅広く、誰でも無料で聴けます。町を歩き、音楽に身を委ねて、ドイツの夏が始まります。

22 | Juni

83 / 365

6月22日

なんでも数字で表す

「東京の人口は何人？」「東京から大阪までの距離は何km？」初対面のドイツ人から頻繁に受ける質問です。なぜ判で押したようにみんな似た質問ばかりするのだろうと不思議でしたが、いまは理解しています。ドイツ人は、数字が大好きなのです。たとえばビール。ドイツに「生中」はありません。メニューに載っているのは0.2リットルや0.3リットルなど、細かく刻まれた量。どんなグラスに入ってきても、その量は保証されているわけです。その感覚に慣れてしまったので、日本で居酒屋に入ると「生中って何リットルよ？」と若干モヤッとします。お菓子などのパッケージでも、チョコレートの含有量が％で表示されたりしています。これには私も「そこまでこだわる？」と思いますが、その表示が売り上げにつながるのだろうと推測できます。ですから数字を使って説明すれば、16州から成る国土35.7万km²のドイツに住む約8482万の人々を納得させることができる、はずです。

23 | Juni

6月23日

みんなが楽しめるバーベキュー

　私には夏の間に必ずやりたい「タスク」があります。それは湖で泳ぐ→102/365ことと、ピクニック→56/365と、バーベキュー。おそらく多くのドイツ人も同じだと思います。お天気は気まぐれなので、年によっては雨ばかりで全然叶わないこともありますから、晴れて暖かい日は「外に出なくちゃ」と気が焦ります。

　バーベキューはみんなが大好きな、初夏から夏の「タスク」。家庭用のバーベキューコンロがあれば、庭でも、公園の許可されたスペースでもできます。各自が好きな食材を持ち寄ればいいので、ベジタリアンもヴィーガン→48/365も楽しめるのがいいところ。スーパーでは、マリネ液に漬かった味つき肉やコンロ用の炭などが売られているので準備も簡単です。あとはジャガイモサラダ→299/365や飲みものを用意すれば完璧。思い思いに食べる傍らで子どもたちが遊んだり、誰かが楽器を奏でたりと、短い夏のひとときは過ぎていきます。

24 | Juni

85 / 365

6月24日

住宅地に生息する野生動物

「見て！」と友人が指差した先には、4本足でゆっくりと歩く動物が。犬かな？ と思ったら、それはキツネでした。夜のベルリンの、車も走る道です。周りには人もまばらで、キツネはゆっくりと車道を横切って行きました。またあるときは、木々の間を素早くジャンプする小さな茶色い生きものを見かけました。リスです。もっと近寄りたいと思っても、すぐに逃げていってしまうので、いつも遠くから見守るだけです。友人宅の裏庭には野ウサギの巣穴があり、運がよければ芝生を走るウサギに出会えます。

ベルリンは緑が多い首都とはいえ、まさか都会の真ん中でリスや野ウサギやキツネにまで遭遇するとは思いませんでした。でも、いくら都会に生息していても、彼らは野生動物であることに変わりありません。ペットのように触れるのは避けるべきです。動物と人間が距離を取るからこそ、都市で共存していけるのだと思います。

25 | Juni

6月25日

四季を感じる青空市場

　週に1、2回、あちこちの広場に青空市場が立ちます。この日は近郊農家からやって来た新鮮な野菜や果物、卵のほか、肉や魚、パンなどを売る店が立ち並んで「ちょっと見に行かなきゃ」とソワソワします。野菜や果物は量り売りが基本なので、私のように少量だけほしい人にもぴったりですし、旬の食材を買うのならやっぱり市場がいいのです。店頭に並ぶ品を見ながら「今年はもうシュパーゲル→21/365が！」とか、「そろそろ平たい桃→95/365が出回る時期かも」などと、四季を楽しみます。市場に出ているお店には毎回同じ人がやって来るので、顔なじみになればちょっとしたアドバイスをもらえるかもしれません。市場によっては軽食スタンドがあったり、洋服や雑貨も売っていたりします。市民の生活が垣間見える市場は、観光スポットとしても魅力的です。夕方まで開いている市場もありますが、昼過ぎには終わるところもあるので、ぜひ午前中に足を運んでみてください。

26 | Juni

6月26日

ホルンダーシロップは初夏の味

　公園や庭でよく見かけるHolunder（ホルンダー）の木。エルダーフラワーまたはセイヨウニワトコといえば聞いたことがあるかもしれません。5、6月になると線香花火がはじけるような白い小花をいっぱい咲かせ、秋になると黒い実をつけます。

　この白い花から作るシロップが、ほんのり甘くておいしいんです。私はめんどくさがり屋なのでいつも瓶入りの品を買っていますが、周りから「シロップなんて、家で作るものだよ」と言われました。レシピは簡単で、水でさっと振り洗いして汚れを取った花とレモンスライス、クエン酸を沸騰させた砂糖水に3〜4日漬けて布で漉し、一度火にかけたらできあがり。熱いうちに清潔な瓶に入れて密閉すれば、半年ほどは持つそうです。このシロップを炭酸水で割ったり、ヨーグルトにかけたりすると本当にさわやかで、これぞ初夏の味。いろいろな食べものにかけては、初夏の気分を味わっています。

27 | Juni

6月27日

シュタイナー学校の本場

　日本でも有名なシュタイナー教育。ドイツを中心に活躍したルドルフ・シュタイナーが提唱した教育方法で、それを取り入れた「自由ヴァルドルフ学校」は1919年にドイツのシュトゥットガルトで創設されました。現在日本でシュタイナー学校と呼ばれているものです。

　自由ヴァルドルフ学校では、1年生から12/13年生（高校3年生に相当）までの子どもたちが学んでいます。教科に関連した授業のほかに芸術的教育を行うことが特徴で、図画工作や手工芸などの授業によって、子どもの知的、創造的、芸術的、実用的、社会的能力を伸ばすことを方針としています。公立の学校とはカリキュラムがかなり異なりますが、公立学校卒業と同等の資格がもらえ、大学進学も目指せます。自由ヴァルドルフ学校の子どもたちはユニーク過ぎるという声も聞きますが、大切なのは子どもに合っているか、子ども自身が行きたいかどうかではないでしょうか。

28 | Juni

6月28日

玄関脇に収納するもの

　夏はストールにサングラス、冬ならコートにマフラーにニット帽。外出時に欠かせないものは季節ごとにいろいろあります。こういうものは玄関脇にフックを取りつけて、まとめてつるして収納している家庭が多いです。部屋に置いていると、持って行くのを忘れたまま玄関先で気づいたときに、わざわざ取りに戻るのは面倒なもの。玄関先に必需品をまとめておけば、忘れものも減りそうです。細々としたものが多い場合はエコバッグをつるして、その中に入れていたりします。これなら家族の人数が多くてもごちゃごちゃせずに、見た目もすっきりします。

　鍵をつけたキーホルダーをつるしている光景もよく見かけます。鍵を忘れてドアを閉めてしまうと締め出されてしまうので→345/365、大変なことに。忘れてはいけないものは、目につく玄関脇に収納しておくのが正解だと思います。

29 | Juni

6月29日

クラシックなタイルの壁は

　お店やレストランに入ると、たまに壁面がタイル張りのことがあります。ピカピカの新しいタイルではなく、クラシックな絵柄が入った古いもの。それはもう芸術品というべき美しさで、タイル鑑賞目的で中に入りたくなります。でもこうした昔のタイルが、なぜ壁一面に使われているのでしょうか。

　お店の人に聞くと、たいてい「ここは昔、精肉店だったんですよ」という答えが返ってきます。昔といっても数十年前ではなく、100年は経っていると思います。当時は現代のような冷蔵・保存技術はありませんでしたから、食品の中でも特に衛生面が重視される精肉店には、水でゴシゴシと清掃できるタイルは最適な建材だったのでしょう。乳製品店にもやはりタイルが使われていたようで、ドレスデンの新市街には歴史ある陶磁器メーカー、ビレロイ＆ボッホのタイルが店内に敷き詰められた、世界一美しいとされる乳製品店があります。

30 | Juni

6月30日

ドイツ生まれのスパゲティアイス

　こんもりと盛られた白い小山にかかった赤いソース、その上にはパルメザンチーズのような粉。スパゲティボロネーゼと見まがうような品の正体はアイスクリームです。名前はずばり「スパゲティアイス」。わかりやすいですね。このアイス、ドイツでアイス店を営んでいるイタリア人が発明した、ドイツ生まれの一品なんです。マッシュポテトなどに使うプレス機の中にバニラアイスを入れてスパゲティ状に押し出したものを、ホイップクリームの上にのせ、ストロベリーソースをかけ、粉状におろしたホワイトチョコレートをかけたものが基本レシピです。お店によってはほかにもフレーバーがあります。

　このスパゲティアイスを発明したとされるイタリア人はじつは2人いて、どちらも1969年に生み出したと主張しています。片やドイツ西部、片やドイツ南西部の町。くしくも同時期に生まれたスパゲティアイスは、いまやアイス店の定番メニューになりました。

1 | Juli

7月1日

工事期間は延長があたり前

　道路や地下鉄、鉄道などに工事はつきもの。特にベルリンの地下鉄は、新規区間開通工事が長期間行われていたことと、既存路線が老朽化により頻繁に補修されているため、常にどこかが工事中という印象があります。そして工事期間は、たいてい予定よりも延長されます。そうした状況に慣れきってしまい、工事終了予定時期は告知されているよりも 1.5 倍程度は遅れるだろうなと自分の中で見積もるようになりました。延長が日常化するのは本当は困ったものなのですが、人手や資金などの背景があり、簡単にはいかないようです。

　工事延長の最たるものといえば、ベルリン・ブランデンブルク国際空港ではないでしょうか。2011 年開港だったはずが、遅延に次ぐ遅延で、ようやくオープンにこぎつけたのが 2020 年。なんと 9 年遅れとなり、地元では「開港せずに廃墟になるのでは」とまで言われていました。原因は管理体制や防火システムの不備などとされています。

2 | Juli

7月2日

酷暑日の換気

　ドイツの夏はカラッとしているので、暑い日でも日陰や室内に入れば涼しくて快適。クーラーの必要性は感じません。ところが近年では日中の気温が35度を超える夏もあります。湿度が低いので35度以上とはいっても日本より体感温度は低いのですが、さすがに耐えきれずクーラーを購入する家庭も出始めました。

　ほとんどの家には、いまもクーラーはありません。そこで換気が重要になります。換気好きのドイツ人は、通常なら日中数回家中の窓を開けて風を通します。しかし、酷暑日には朝晩の涼しいときにのみ換気をし、気温が上昇する日中は窓を閉め切って暑さの侵入を防ぐのです。さらに、カーテンや窓のシャッターを下ろして日光をシャットアウトするとより効果的。私の家にもクーラーはありませんでしたが、リビングが北向きのせいか比較的涼しく過ごせました。しかし、暑さにも限界があります。気候変動、やはり他人事ではありません。

3 | Juli

7月3日

バスタブよりもバルコニーが大事

　バスタブとバルコニー。自宅にどちらかしかないとしたら、どちらを選びますか？　私はなんの迷いもなくバスタブです。シャワーブースだけしかないアパートに長く住んでいたこともありますが、やはりたまにはゆっくりお湯に浸かりたいと思っていました。ただし、バスタブが家にあったときも水道代が怖い→348/365 ので、毎日お湯を張ることはできませんでしたが……。

　ドイツの集合住宅では、シャワーブースのみでバスタブがない物件もしばしばあります。ドイツで冒頭の質問をすると、バスタブよりもバルコニーを選ぶという答えが多く返ってきます。ドイツ人にとってバルコニーは洗濯物を干す場ではなく、プランターに花を植えて天気がいい日にお茶をしたり、読書を楽しんだりする大切な場所。一方、入浴については朝にシャワーを浴びるのが一般的なので、バスタブの必要性をそれほど感じていない人もいます。

4 | Juli

7月4日

平たい桃が、とにかくおいしい

　その桃は、まるで上から潰したようにぺったんこ。横から見るとピンクッションのようで愛らしく、普通の桃よりはいくぶん小ぶりです。ドイツではこの桃をPlattpfirsich（プラットプフィルズィヒ）といいます。意味は「平たい桃」。わかりやすいですね。

　この平たい桃が、とにかくおいしいんです。柔らかくて、みずみずしくて、甘い。私は日本の白桃が大好きですが、それに似た味がします。そのまま食べても美味ですし、ヨーグルトやモッツァレラチーズとの相性も最高。一気に2個ぐらい食べてしまうほどです。原産は中国で蟠桃（バントウ）といい、いまではアメリカやヨーロッパに広まっています。私がドイツでこの桃をはじめて見たのが確か2008年で、それまでは知らなかったように記憶していますが、いまは旬の夏にたくさん出回っています。日本では流通量がごくわずかなので高級フルーツですが、ドイツでは手頃なのでぜひ試してみてください。

5 | Juli

7月5日

ドイツワインの主流は辛口白

「ドイツワインの主流は、辛口の白」。そう繰り返しているのですが、日本ではなかなか広まらずに悔しい思いをしています。もちろん甘口が悪いわけではないのですが、かつて安価な甘口白ワインが多く輸出されたためにそのイメージが定着してしまい、ドイツワインの評価がいまも上がらない気がするのです。かくいう私も、昔はドイツ以外のワインを選んでいました。ところがドイツ南部で白ワインを飲んだところ、印象が一変。香りがよくさわやかでフルーティーな辛口の白の虜になりました。ドイツワインの産地はおもに中部と南西部で、川沿いの斜面にブドウ畑が広がっています。ブドウの品種は、ラインガウやモーゼル地方ではリースリング、バーデン地方はヴァイスブルグンダー（ピノ・ブラン）やグラウブルグンダー（ピノ・グリ）が有名で、赤はシュペートブルグンダー（ピノ・ノワール）が多く栽培されています。とにかく先入観なしにドイツワインを試してみてください！

6 | Juli

7月6日

サングラスは必需品

　サングラスはカッコいいけど、かけるにはちょっと勇気が必要……そんなふうに思う人もいるかもしれません。でもドイツなら大丈夫。ここではおしゃれアイテムというよりは日用品で、老いも若きもかけているのでなんの気負いもいりません。

　ドイツで誰もがサングラスをかけているのは、瞳の中にある虹彩（こうさい）の色が理由のようです。青い瞳は茶色に比べて光を通しやすく、より眩しく感じるのだとか。でも、瞳の色にかかわらず、一度使い始めると快適できっと手放せなくなると思います。私も暗い冬以外は愛用するようになりました。近年では、目から入る紫外線がきっかけで日焼けが進むことが指摘されているので、美容や健康の面からも必需品といえそうです。ドラッグストアで売っている手頃なものから、高級ブランド品まで幅広くあります。サングラスをかけたら毎日が快適で、おしゃれ度もアップするかもしれません。

7 | Juli

7月7日

祭りの音楽で踊る老若男女

　夏は屋外イベントの季節。さまざまなお祭りが各地で開かれます。そこに欠かせないのが音楽です。だいたいどのイベントでもライブ演奏用のステージが設けられています。演奏される音楽のジャンルはイベントの内容にもよりますが、広く一般の人を対象にしているものなら、誰もが知っているドイツの懐メロや歌謡曲が多いです。

　こうした曲を演奏するステージの前で、踊っている人の多いこと！しかも年代や性別を問わず、踊りのスタイルも思い思い。リズムに合わせてステップを踏む人、抱き合って踊るカップル……。あるイベントでは、決められた一連のステップを繰り返すカントリーダンスを踊る集団を見かけ、私もやってみたいと見様見真似で脚を動かしたこともありました。上手下手などまったく関係なく、人目を気にすることもなく、みんなとても楽しそうです。老若男女が同じ曲で踊る光景は、見る者をしあわせな気持ちにさせてくれます。

8 | Juli

7月8日

ベルリーナー・ヴァイセ

　地域ごとに地ビール→10/365があるドイツ。ベルリンの地ビールを挙げるなら、Berliner Weisse（ベルリーナー・ヴァイセ）です。小麦・大麦・ホップ・酵母を素材に乳酸菌発酵させた酸っぱいビールに甘いシロップを入れて飲むもので、シロップは緑色をしたクルマバソウと、赤いラズベリー風味の2種類が定番です。ただし、ベルリンの観光地にあるドイツ料理レストランでないとなかなか見かけません。

　ビール好きの私としては、以前はこのビールには見向きもしませんでした。低アルコールの軽いビールですし、甘いシロップを加えるなど言語道断だと思っていたのです。しかし、こだわりのクラフトビールを造るベルリンの醸造家たちが、シロップを入れずに飲む伝統的なベルリーナー・ヴァイセを再現したことで、このビール特有のさわやかなおいしさに気がつきました。暑い夏に飲む酸味のある1杯は、気分をリフレッシュさせてくれますよ。

9 | Juli

7月9日

クリーミーなクヴァルクチーズ

　ドイツの乳製品→13/365 はおいしくて大好きなのですが、中でも私が気に入っているのはクヴァルク（クワルク）というフレッシュチーズ。チーズといっても熟成させていないのでヨーグルトに似ていますが、それよりも味わいは濃厚です。クリーミーでなめらかな舌ざわりとマイルドな酸味があり、フルーツやフルーツソースとの相性は抜群。そのまま食べてもシリアルやフルーツに添えてもいいですし、パンに塗ってもおいしいです。チーズケーキ→110/365 などのお菓子の材料としても使います。私はいつもプレーンの製品を買いますが、フルーツソースと組み合わせたデザートタイプの品もあります。

　クヴァルクは製品によって脂肪分に違いがありますが、多いのは固形分中脂肪量が 10% 以下または 20% 以下のもので、ローファット。タンパク質やカルシウムも豊富だそうです。おいしくてヘルシーなクヴァルクはドイツに欠かせない食品です。

10 | Juli

7月10日

微妙なかわいさ

「かわいい」という感覚をドイツで伝えるのに、とても苦労します。日本語の「かわいい」という言葉は、大人っぽいものにも、子ども向けのものにも、人に対しても幅広く使いますが、ドイツ語でそれに相当する言葉は見つかりません。ドイツで「かわいい」と言うと、どうしても子どもっぽいニュアンスになりがちな気がします。ものに対して「かわいい」と言いたいときは「きれいな」「ロマンチックな」など、シチュエーションに合わせて言葉を使い分けていくのが正解なのでしょう。ただし、ドイツで「かわいい」とされているものを見ても「え、これが？」と、微妙な気分になることもしばしば。子ども向けキャラクターグッズなども妙に写実的だったりして、果たして子どもはそれを見てかわいいと感じるのか疑問です。でも、文化が違えば感覚も異なるのは当然のこと。具体的にどんなものが「かわいい」とされるのか、突き詰めてみるのもおもしろそうです。

11 | Juli

7月11日

湖で泳ぐ

　暑い日は水にドボン！　と入って、泳ぎたいもの。ドイツにも海がありますが→346/365、最北端まで行く必要がありますし、海水浴を楽しむには水が冷たいのです。そこで国内では、もっぱら湖水浴となります。ベルリン周辺にはたくさんの湖があり、ちょっと電車に揺られれば到着するので、夏場は多くの人が湖水浴を楽しみます。

　最初に泳いだときは、海と違って対岸に景色が見えるのが新鮮でした。何より衝撃だったのは体が浮かないことです。塩分を含む海水は浮きやすいのですが、湖水はそうはいきません。溺れそうになったら怖いので、私は足がつく場所でバチャバチャやる程度ですが、ドイツ人は湖の真ん中でプカプカ浮いているのです。幼少時から慣れているからできるのか、体の何かが違うのか、未だにわかりません。泳ぎに自信がなければ浮き輪を用意してもいいのでしょうが、私は一度腕につけていたところ、子どもたちに笑われたことがありました。

12 | Juli

7月12日

携帯栓抜き

　栓抜きを携帯するなんて、おかしいと思われるかもしれません。でも私のキーホルダーには、鍵とともに栓抜きもついています。いまこそドイツにもペットボトル入りの飲料がたくさん出回っていますが、それでも瓶入り商品がまだまだ多いです。特にビールは瓶入りが主流で、缶はほんの一部だけ。シュペートカウフ→19/365でビールを買ったら、公園の芝生でラッパ飲みするのがベルリンの夏の過ごし方だというのに、栓抜きがないと話になりません。

　しかし、ドイツ人はこれを携帯していないことが多いです。それは必要としていないから。ではどうしているかというと、何か角がある場所に王冠の縁を引っかけて、テコの原理でシュポンと開けてしまうのです。スプーンの柄でもなんでも、角があれば開けられるので、携帯栓抜きは不要というわけです。私も真似をしてみましたが、成功したことがありません。でも、私には携帯栓抜きがありますから！

13 | Juli

7月13日

生き残ったアンペルマン

　はじめてその信号機を見たとき、ひと目で虜になってしまいました。3頭身のキュートなそのスタイル。ユーモラスなそのポーズ。信号機のデザインで、こんなに愛らしいものがあるなんて！ この歩行者用信号機は「アンペルマン」という名前。ドイツ東西分断時代の旧東ドイツで、交通心理学者のカール・ペグラウさんによってデザインされました。ところが1990年に東西ドイツが再統一→186/365されると、旧東ドイツのものは西側製品に取って代わられ、この信号機も例外ではありませんでした。残念に思った旧西ドイツ出身のデザイナー、マルコス・ヘックハウゼンさんが、捨てられていたアンペルマン信号機を使ってライトを作り販売したところ、これが大反響。そこからアンペルマン復活運動が起き、いまでは旧西ベルリンをはじめ、旧西ドイツの都市にもこのかわいい信号機が広がっています。キャラクターグッズとしても人気で、ベルリンにはアンペルマンショップがあります。

14 | Juli

105 / 365

7月14日

ベリーいろいろ

　白アスパラガス→21/365が出回り始めてしばらくすると、今度は店頭にイチゴ→36/365が並びます。それからまたひと月ほどすると、いろいろなベリーがわっと登場して「あぁ、夏がやって来るな」と思います。ドイツにはイチゴ（ストロベリー）以外にも「ベリー」（ドイツ語ではベーレ）と名のつく果実がたくさん。庭で育てている人も多く、フレッシュな実を摘んで食べるのは夏の楽しみです。

　身近なのは、酸味のある小さな赤い果実のラズベリー。ブルーベリーは地域によってさまざまな名称があり、ドイツ全土で親しまれていることがうかがえます。ルビーのようなツヤのある小さな実を房状につけるのは、レッドカラント（赤スグリ）。かわいい見た目ですが、とても酸っぱいのでジャムにしたり、デザートの飾りにちょこんとのせたりします。さまざまなベリーを甘く煮たローテグリュッツェというデザートは、ドイツの夏の味覚です。

15 | Juli

7月15日

ベルリン名物カリーヴルスト

　ときどき無性に食べたくなるものって、ありませんか？ 私の場合、それはカリーヴルストです。カリーヴルストとは、たっぷりの油で焼いたソーセージに、ケチャップベースのソースとカレー粉を振ったもの。いたってシンプルなファストフードですが、これが本当においしいんです。ベルリンとハンブルクがお互いに発祥の地だと主張していますが、本当のところはよくわかりません。でも、ベルリンでは間違いなく名物です。カリーヴルストはレストランでも食べられますが、おすすめなのは立ち食いスタンド。中でもベルリンの有名店「Curry36」のものは絶品です。頼むときは皮つき（mit Darm ミット・ダーム）か皮なし（ohne Darm オーネ・ダーム）かを言いましょう。皮つきはパリッと、皮なしは柔らかい食感です。フライドポテト（Pommes frites）とマヨネーズ（Mayo）もつけるのが、私のお決まりの頼み方です。ああ、食べたくなってきました！

16 | Juli

7月16日

FKKは自由の証？

　FKK（エフ・カー・カー）という言葉を聞いたことがあるでしょうか。FKKとはFreikörperkultur（フライケルパークルトゥアー）の略称で、裸体主義を意味します。そう聞くと性的な妄想をふくらます人もいるかもしれませんが、これは自然の中で裸になる文化です。たとえば全裸でスポーツや日光浴を楽しむのがFKKで、エロスと結びついているわけではありません。ドイツ国内にはFKK主義者のための専用ビーチが存在していますし、私も湖畔で見かけたことがあります。そこに漂うのは、のんびりとした雰囲気。もちろんドイツ人が皆FKKなわけではありませんが、裸に対する感覚は日本人と違う気がします。FKK文化は、特に旧東ドイツ地域で顕著だといわれています。かつて社会主義国家だった東ドイツでは、発言や行動の自由が制限されていました。そうした環境下では、裸でいることで社会からの解放と自由を感じられたのではないかと考えられています。

17 | Juli

7月17日

サッカー熱

　ドイツで最も人気のスポーツは？　と聞かれたら、間違いなくサッカーでしょう。かつての首相、アンゲラ・メルケル氏も大のサッカーファンとして知られています。私は一度だけスタジアムで観戦しましたが、試合中の掛け声や地響きのような歌に終始圧倒されっぱなし。サッカーに疎い私には、試合よりもむしろ客席のほうが記憶に残ったくらいです。ベルリンのスタジアムで試合がある日は、ひいきチームのマフラーを巻いたサポーターたちが雄叫びを上げながら地下鉄に乗り込んでくるので、「あぁ、今日は試合ね」とわかります。

　サッカーファン以外の人々もにわかファンになるのが、ワールドカップやヨーロッパカップ。期間中はパブリックビューイングができたり、レストランやシュペートカウフ→19/365にテレビが運び込まれて街頭テレビ状態になったりと、大いに盛り上がります。窓から国旗を下げる家もあり、「ドイツ」という国を意識する期間になります。

18 | Juli

7月18日

食文化に合った大型オーブン

　ドイツ家庭での電子レンジ所有率は2021年で73.8％。電子レンジがない家は珍しくありませんが、オーブンはほぼすべての家庭にあるのではないかと思います。わが家のオーブンは、もともとキッチンに設置されていた、上がガスコンロで下がオーブンの一体型タイプ。システムキッチンを入れた家なら、ビルトインタイプです。標準サイズは60cm×60cmなので、日本の感覚からするとかなり大型です。

　オーブンは使ってみると本当に便利。肉や野菜を適当に切って塩、コショウ、オイルをかけて放り込んでおくだけで、メインの一品ができあがります。もちろん、パンやお菓子を手作りする人にもオーブンは必需品。大型なので一気に大量に焼けます。日本では電子レンジなしの生活は考えられませんでしたが、逆にドイツではオーブンなしの生活が想像できなくなりました。その土地の食文化に合った道具が発展するという、考えてみればあたり前のことですね。

19 | Juli

7月19日

ドイツのチーズケーキとNYチーズケーキ

　製法や地域、使うチーズの種類でいくつものバリエーションがあるチーズケーキ。ドイツの伝統的なものは、クヴァルク→100/365チーズを使ったベイクドタイプ。ついつい食べ過ぎてしまいそうなくらい、さっぱり、あっさりしています。このケーキをドイツ語でKäsekuchen（ケーゼクーヘン）といいます。ケーゼはチーズ、クーヘンはケーキのことなので、直訳すれば「チーズケーキ」です。

　ところがドイツには、New York Cheesecake という名前のチーズケーキも存在します。こちらは日本でもおなじみの、フィラデルフィアなどのクリームチーズを使った濃厚なもの。その昔ケーキ職人の友人が、NYタイプを食べた高齢女性のお客さんから「これはケーゼクーヘンではない」と言われたそうで、ドイツ人にとって「チーズケーキ」といえば、クヴァルクを使った「ケーゼクーヘン」だったのでしょう。いまではどちらも、ドイツの定番ケーキです。

20 | Juli

7月20日

小雨なら傘はささない

　日本に比べると降水量の少ないドイツですが、それでももちろん雨は降ります。でも、小雨程度で傘をさす人は少なく、たいていウインドブレーカー→40/365 のフードをかぶっておしまい。大雨にならないと、なかなか傘はさしません。なぜなのか聞いてみたところ、「雨は斜めに降ってくるから、傘をさしていてもどうせ濡れるのよ」という理由からでした。その人は日本に行ったことがあるのですが、「日本では上から雨が降るから、傘をさせば濡れなかった」と言っています。果たして本当なのかはわかりませんが、大雨が長時間続くことが少ないので、フードをかぶる程度でやり過ごせるのでしょう。

　私はウインドブレーカーを日常着にしていないので、雨が降り始めると折り畳み傘を広げるのですが、ドイツで売っている製品は重くて壊れやすい気がします。傘のニーズが少ないことと、日本のように「軽薄短小」にこだわらないことの表れなのかもしれません。

21 | Juli

7月21日

民族衣装その②　黒い森編

　フランスと国境を接するドイツ南西部に「黒い森」と呼ばれる山岳森林地帯があります。ここの独身女性用民族衣装として全国的に有名なのが、赤い毛糸で作ったポンポンを石膏で固めた麦わら帽子にのせた Bollenhut（ボレンフート）という帽子。黒い森には多くの集落があり、本当は各集落で民族衣装が異なります。ボレンフートがあるのはその中の3地域だけにもかかわらず、黒い森を代表するかのような存在になりました。それは、19世紀後半に開通した鉄道がボレンフートの地域を通ったことで現地に芸術家が集まり、この地の民族衣装を描いて絵はがきにしたからです。その後、黒い森を舞台にした映画にもこの帽子が登場しました。こうして絵はがきと映画によって、ボレンフートは黒い森の民族衣装のシンボル的存在となったのです。未婚女性は赤、既婚女性は黒の14個のポンポンをつけた帽子は愛らしく、目立ちます。そんな点も全国に広まった理由かもしれません。

22 | Juli

7月22日

なぜ犬は飼い主の言うことを聞く？

　なぜドイツの犬は飼い主の言うことをよく聞くのか不思議でしたが、犬を飼い始めた友人に話を聞いて疑問が解けました。ひと言でいうと、犬を飼うには飼い主が責任を持って犬をしつけることが前提だという意識が社会に浸透しているのです。ドイツではペットショップでの犬猫の販売はなく、ブリーダーまたは動物保護施設から迎え入れるのですが、その際に飼い主としての能力があるか、犬種にふさわしい環境があるかなどのチェックを受けます。そして多くの飼い主は、犬と一緒にしつけ教室に通います。これは義務ではありませんが、しつけ教室は身近にあり、犬を飼った経験がない人や、子犬の社会性を養いたい人などが通います。こうしてきちんと訓練された犬は飼い主の言うことを聞くので、地下鉄やカフェに一緒に入れます。犬は大切な家族の一員ですが、人間との主従関係を明確にし、決して猫かわいがりしないのが、犬を飼うということなのです。

23 | Juli

7月23日

プフィファリンゲを調理する

　初夏から秋はPfifferlinge（プフィファリンゲ）のシーズン。私は日本でこのキノコを見たことがありませんが、日本語ではアンズタケというそうです。その名の通り、杏のような匂いのするキノコで、ドイツではとても人気があります。

　私も旬の味を楽しみたくて購入しますが、小さなプフィファリンゲをひとつずつきれいにするのは手間のかかる作業なので、時間のあるときだけ調理をしています。まず石づきを取り、もしあればキノコ用ブラシで汚れを落とし、水にざっと浸けてからザルにとって乾かせば準備OK。私の定番メニューはクリームソースパスタで、みじん切りにしたタマネギとプフィファリンゲを炒めて塩、コショウ、コンソメ少々とハーブなどで味つけをしたら最後に生クリームを加えて、茹でたパスタに和えるだけのシンプルなもの。オムレツにしてもおいしいです。旬が終わる10月まで、いろいろなレシピで堪能したいです。

24 | Juli

7月24日

ブンツラウ陶器

　群青色の目玉のような模様と、ぽってりとした質感が印象的な陶器。ドイツでブンツラウ陶器と呼ばれているものですが、日本ではポーランド陶器として器好きの人々に知られていると思います。ブンツラウとは、第二次世界大戦前のドイツの地名。ドイツとポーランド、チェコの国境近くに位置しており、辺り一帯で粘土が産出されるため陶器で有名になり、戦後はポーランド領のボレスワヴィエツという町になりました。ブンツラウ陶器は現在、ドイツとポーランド両国の工房で生産されています。その特徴は、模様のつけ方でしょう。目玉柄や花柄などにカットしたスポンジを、陶器にポン、ポンとスタンプのように押して絵付けをします。以前ドイツの工房を見学しましたが、指先程度の小さなスポンジで模様をつける工程は非常に細かい作業でした。人の手によって根気強く絵付けされたと思うと、独特の柄がいっそう愛らしく見えてきます。

25 | Juli

7月25日

屋根つき箱型ビーチチェア

　ドイツのビーチに並ぶ、四角い箱のようなもの。これはStrandkorb（シュトラントコルプ）というドイツ生まれの屋根つきビーチチェアで、海岸の強い風や日差しを避けるために、バルト海沿岸の町の籠職人が19世紀後半に作ったのが始まりといわれています。最初に見たときは「せっかくビーチにいるのだから寝転べばいいのに」と思いましたが、ドイツの海は風が強くてそれどころではないとあとになって知りました。そもそもシュトラントコルプが生まれた当時、ビーチは上流階級の人が保養のために来る場所で、彼らにとって水着姿で砂浜に寝転ぶなど考えられないことでした。女性は首まできっちりボタンを留めたロングドレスでシュトラントコルプに座ったそうです。

　現在は誰でもこのチェアをレンタルできます。日よけの角度は調整できて、両サイドには折りたたみ式テーブルつき。ドイツのビーチに行ったら、シュトラントコルプでエレガントに過ごすのはいかが？

7月26日

多様な家族形態

　父親と母親に子ども。こうした典型的な家族像はずいぶん前から変化していると思います。ドイツ連邦統計局の発表では、2022年にドイツで離婚した夫婦は約13万7400組とか。シングルになった人が次のパートナーを得て新たな家族を形成する際に、どちらか、あるいは両者に子どもがいることもあります。子連れで再婚し、そこで新たな子どもが生まれる場合も当然あるでしょう。自分たちの子どもがいても、さらに養子を迎える家庭もあります。このような血縁関係のない親子がいる家族を、いろいろな布を縫い合わせるパッチワークになぞらえて「パッチワークファミリー」と呼んでいます。また、結婚せずに子どもを持つ、いわゆる事実婚カップルもいます。

　こうした状況から、複雑な親子や兄弟関係に悩む人の相談に乗る団体もあります。家族観やしあわせの形は何かひとつの正解があるわけではなく、今後ますます多様化していくように思います。

27 | Juli

7月27日

クリストファー・ストリート・デイ

　プラカードを掲げた人々と、ゆっくりと進むたくさんのトラックの山車。風にはためく6色のレインボーフラッグ。性的マイノリティのプライドデモ「クリストファー・ストリート・デイ」の様子です。1969年にニューヨークのクリストファー通りにあるゲイバーで起きた事件から命名されたデモは、世界各国に広がりました。ドイツでは頭文字を取ってCSD（ツェー・エス・デー）と呼ばれ、ベルリン、ケルン、ハンブルク、ミュンヘンなど、現在ドイツの120以上の都市で開催されています。ベルリンでは1979年にはじめてCSDが開かれ、いまでは政党や大企業のグループも参加し、性別・年代を問わず多くの人が見物しています。

　CSDは性的マイノリティのデモですが、目指すのは差別をされることなく、誰もがありのままでいられる社会。それが実現されるまで、このデモの存続意義はあると思います。

28 | Juli

7月28日

スタートアップの波

　ドイツでスタートアップという言葉を頻繁に耳にするようになったのは2010年前後ぐらいだったでしょうか。単なる起業ではなく、社会を変革し、投資家などからの資金で急成長を目指す新しいビジネスモデルなのだと、当時おぼろげに理解しました。

　2010年ごろから、ベルリンはスタートアップの波に大きく乗ってきました。当時はヨーロッパのほかの大都市に比べて物価が安く、インターナショナルでクリエイティブな空気があり、大きな産業がないベルリンには、スタートアップが広がる土壌がありました。その流れはいまも続いており、2023年にドイツ内で最も多くスタートアップが設立された都市がベルリンだそうです。ベルリン州政府も、自身が出資する官民連携会社によって資金面で支援しています。スタートアップの成功は難しいといわれていますが、この中から未来の社会を大きく変える技術やビジネスが出てくるかもしれません。

29 | Juli

7月29日

お祭り屋台フード

　夏祭りにクリスマスマーケット、イースターイベント……どんなお祭りでもビールとフード屋台はあるものです。独断と偏見でおすすめフードをご紹介しましょう。まずは説明不要のソーセージ。ソーセージの種類は土地によって変わりますが、ベルリン辺りではドイツ中部のテューリンゲン地方で作られた Thüringer（テューリンガー）ソーセージが主流です。豚肉のステーキ Nackensteak（ナッケンステーク）も定番。挽肉を丸めたドイツ版ハンバーグの Frikadelle（フリカデレ、または Boulette ブーレッテとも）も見かけます。いずれも炭火で焼き上げたジューシーなお肉を小型パンにはさんでくれます。ジャガイモ料理ならば、すりおろしたジャガイモとタマネギをパンケーキ状にして揚げた Kartoffelpuffer（カルトッフェルプッファー、Reibekuchen ライベクーヘンとも）が有名で、リンゴムースを添えていただきます。ご賞味あれ。

30 | Juli

7月30日

窓掃除に対するプレッシャー

　これまでおそらく数百軒の個人宅を取材で訪問したのですが、たびたび言われたのが「窓ガラスは最近掃除していないから、汚れてるかも」という内容でした。ドイツの家事は、料理には手間をかけません→76/365が、掃除は念入りにやる傾向があると思います。中でも窓の掃除は、ドイツ人にとって気になるポイントなのだなと感じました。確かに、明るい日は窓の汚れがはっきり見えます。ドイツの家には網戸がほとんどないので、よけいに汚れが目立つのかもしれません。

　古典的な窓掃除の方法は、窓用洗剤で濡らした窓を古い新聞紙で拭き取るやり方です。新聞紙は吸水性がいいのでキュッと拭き取れて、筋状の拭き跡が残りにくいのだそうです。もちろん、マイクロファイバークロスのような市販のアイテムも豊富。ドイツ生まれのケルヒャー社からは、充電式の窓用バキュームクリーナーが発売されていて、ドイツの窓掃除にかける熱量をひしひしと感じます。

31 | Juli

7月31日

気軽なケーキの包み

　ドイツでケーキ→67/365をテイクアウトして、その包装に衝撃を受けました。それは紙皿の上にケーキをのせて、包装紙で紙皿ごと周りをぐるりと包み、両端をひょいひょいと内側に折り込んだだけのもの。手のひらにのせて、注意深く持ち帰るしかありませんでした。
　なぜ箱に入れないのかドイツ人に聞いてみましたが「箱代がもったいない」「環境に負荷がかかる」「食べてしまえば同じ（！）」と、納得のいく答えが返ってこなかったので、自分なりに考えてみました。
- 焼いただけのシンプルなケーキが多いので、崩れにくい
- ドイツではケーキは日常食なので、気軽に取り扱う
- わざわざ遠くの店まで行かないので、持ち歩きが短距離

　ところでこの気軽に見える包装ですが、自分が真似しようと思っても案外難しかったりします。店員さんがいとも簡単に包んでいますが、それはプロの技術なのだと思います。

1 | August

8月1日

ドイツの匂い

　小学6年生の1年間、家族とかつての西ドイツに住んでいました。ドイツのことを何も知らずに、集合住宅から母とスーパーに行き、近所に日本人学校がないため現地校に通う日々を送りました。

　それから約10年後。今度はひとりでドイツに飛び、かつて暮らしたところを訪ねて回りました。そしてある場所の扉を開けた瞬間、その匂いで当時の出来事が一気に頭によみがえりました。

　そしてさらに約10年後。10年前にかいで子ども時代にタイムスリップした匂いを、ドイツのスーパーで再び感じました。そこはハム・チーズ売り場。そういえばハムやチーズ入りのライ麦パンサンドイッチをみんな食べていましたっけ。それが私にとってのドイツの匂いだったのです。不思議なことにこれ以降は、ハムやチーズの匂いをかいでも、過去の記憶に飛ぶことはありません。それはきっと、ハムとチーズの国で暮らすようになったからなのかもしれません。

2 | August

8月2日

インターナショナル・ベルリン・ビアフェスティバル

　かつて、ビール好きにとって夢のようなイベントが毎年8月にベルリンで開かれていました。その名は「インターナショナル・ベルリン・ビアフェスティバル」。カール・マルクス・アレー大通りに2.2kmにわたって世界のビール屋台がずらーっと並ぶ中を専用ミニジョッキを手に歩き、気になるビールを注いでもらいます。しゃべりまくり、笑い転げながら夜中まで飲みまくった、呆れるほど楽しいお祭りでした。1997年から始まったこのイベントを私が最初に訪れたのは2004年ごろだったでしょうか。広告を見て立ち寄って以来、毎年全参加です。やがて外国からも人が押し寄せて、まさに「インターナショナル」な様相になりました。しかし2020年に突然ピリオドが。安全基準やコスト面で、これ以上の開催は不可能と運営が発表したのです。私にとってのベルリンの一時代が終わった気がしましたが、楽しい思い出はいまも胸にあります。さよなら、ビアフェスティバル。

3 | August

8月3日

頭端式ホーム

　ヨーロッパの歴史ある大きな駅では、線路が駅構内で行き止まりになっている、頭端式ホームという構造がよくあります。列車を降りてホーム上をまっすぐ歩けばそのまま駅構内に入り、振り返って線路側を見ると停車中の列車が横一列にずらりと並んでいるような構造で、ドイツではライプツィヒ中央駅、フランクフルト中央駅、ミュンヘン中央駅などがそれに当たります。頭端式ホームの鉄道駅には、なんとも言えないヨーロッパらしい風情が感じられて私は大好きなのですが、効率的にはあまりよくありません。列車が発車するときは、進行方向を変えていま来た線路上を戻りながら出ていくことになり、その分時間やルートにムダが生じてしまうのですね。そこで、そのまま通過できるホームを地下に増設している例も見ます。駅ができた当時と現代とでは鉄道を取り巻く状況が大きく違うので、時代に合わせて変化しているわけですが、駅は風情を感じられる場所であってほしいです。

4 | August

8月4日

シュプレーヴァルト名物キュウリピクルス

　「シュプレーヴァルト産キュウリ」と聞いて、ピンときた方もいらっしゃるかもしれません。映画『グッバイ、レーニン！』で東ドイツ製品として登場する、あの瓶入りのキュウリピクルスです。旧東ドイツに位置する産地のシュプレーヴァルト→157/365は、川と運河が網の目のように流れる低地の森で、湿度が高い気候と腐植に富んだ土壌を特徴としており、これがキュウリの生育に適しているのだとか。

　スーパーには瓶入り商品が並んでいますが、現地では屋台で量り売りもしています。ぷっくりとした太めのピクルスを丸ごとかじったときの、カリッとした食感はたまりません。ペッパー風味、ガーリック風味などフレーバーもいろいろで、私のお気に入りはさわやかなディル風味。そのままでおつまみに、刻んでジャガイモサラダ→299/365に、スライスしてパンにのせたり、スープに入れたりなど、幅広く使えるキュウリのピクルスは、ドイツ全土で愛されています。

5 | August

8月5日

戦後建築のノイバウ

　第二次世界大戦以前の建築をAltbau（アルトバウ）→26/365 というのに対して、戦後にできた建築をNeubau（ノイバウ）と呼んでいます。ノイは新しい、バウは建築という意味です。ノイバウ全体に共通する建築様式はないので外観はいろいろですが、傾向としてはシンプルで、コンクリートなど現代の建材や工法が用いられています。また、ベルリンのアルトバウ集合住宅は天井の高さが通常3mを超えますが、1960年代、70年代ごろにできたノイバウでは2m台でした。しかし、近年のノイバウ集合住宅の天井は、アルトバウの高さに近づいています。ノイバウの特徴は、通気や日当たりを考慮した合理的な間取りや、エレベーター→177/365 などの近代的な設備が建築当初から備わっていることでしょう。私はこれまで、アルトバウとノイバウのどちらにも住みましたが、便利さと間取りのよさならノイバウ、雰囲気のよさや住む喜びはアルトバウに軍配が上がると思います。

6 | August

8月6日

ドイツ生まれのグミ

　ドイツ生まれのお菓子、グミ。ドイツ語でゴムという意味ですが、グニュッとした噛みごたえはまさに名前の通りです。グミの代名詞的商品は、カラフルなクマの形をしたハリボー社の「ゴールドベア」。すでに100年以上の歴史があり、日本でもおなじみだと思います。それ以外にもグミのメーカーはいくつもあり、スーパーの棚は多彩なグミ商品で一面が覆い尽くされているほど。中には、食べるのを一瞬躊躇するような見かけのものもあります。食品には赤やオレンジの暖色系を使うのが当然のような気がしていましたが、そんなこちらの思い込みをあっさり裏切るような鮮やかなブルーだったり、カエルやイモムシ型だったり。ほかにもかわいい動物はたくさんいるのに、なぜわざわざカエルにしたのだろうと思いますが、ドイツ的な遊び心で、子どもたちには評判がいいのかもしれません。ちなみにハリボー社のグミには、天然果汁と植物由来の抽出液が使われています。

7 | August

8月7日

森を歩け

　落ち込んだり、答えの出ない問題に悶々としたりしているときにドイツ人に相談したら、「森を歩いたらいいよ」と言われたことが何度もあります。ドイツでは森はとても身近な存在です。国土における森林面積は約3割で、約7割が森林の日本と比べると小さいのですが、都市の周りにあってアクセスしやすいのです。林業の場でもある森はきちんと管理されており、道は広く、傾斜もゆるやか。散歩やジョギングで入る人も多く、森は日常生活の一部となっています。

　そうしたわけで、私も何かに行き詰まったときには、ちょっと電車に乗って森へ行くか、近場にある木が生い茂った広い公園をよく散歩していました。小鳥のさえずりを聞きながら木もれ日の中を歩いていると、いつの間にかリフレッシュしていることに気づきます。悩みの答えは出なくても、新しいアイデアがひらめいたり、前向きな気持ちが芽生えたり。森の効果、恐るべしです。

8 | August

8月8日

「お持ちください」文化

　家の前に zum Mitnehmen（ツム・ミットネーメン）あるいは zum Verschenken（ツム・フェアシェンケン）という言葉とともに物品が置かれていたら、それは「ご自由にお持ちください」ということ。

　だいたいは本や洋服、靴といったもう使わないものや、庭でたくさん採れて食べきれない果物などが多いのですが、たまに家具など大型のものが置かれていることも。以前 WG → 307/365 生活を送っていたときに同居人が椅子を拾ってきましたし、インテリア取材の訪問先でも拾った家具がありました。不用品を出したり、それをもらったりすることに対して、抵抗のない人が多いと思います。私も一度玄関前に不用品を細々と出しておきましたが、半日も経たないうちにきれいさっぱりなくなっていました。まだまだ使える品が、誰かの手に渡って引き続き使われると思うと心が軽くなります。「お持ちください」文化で、みんながちょっぴりうれしい気分になれそうです。

9 | August

8月9日

ドイツ語の響きはカッコいい？

　日本のアニメやゲームでドイツ語っぽい響きの単語をよく耳にします。どうやら創作活動をする人たちの間で、ドイツ語の響きがカッコいいと思われているようです。ドイツ語は濁音が多く、重厚な響きがあるので、そう感じるのかもしれません。一例を挙げてみましょう。
「クーゲルシュライバー」（ボールペン）
「ゲシュヴィンディヒカイト」（速度）
「ゲゼルシャフト」（社会）
「ヴンダーバール」（素晴らしい）
　どうですか？　ドイツ語の雰囲気が伝わるでしょうか。私が思うドイツ語らしい単語は「ゲロルシュタイナー」です。ドイツの「ゲロルシュタイン」で採水されたミネラルウォーターの商品名ですが、フランスの「エビアン」、イタリアの「サンペレグリノ」とは印象が違うのではないでしょうか。ロマンチックではないですね……。

10 | August

8月10日

野外映画館

　夏の間は、とにかく隙あらば外に出たいのです。ふだんは室内で行うことも、オープンエアーでやりたいのです。映画だって例外ではありません。だから、野外映画館が夏の間だけ誕生します。公園や大きな広場に巨大なスクリーンが設置され、その前には椅子や寝そべったような体勢で座れるデッキチェア。スタート時刻はまちまちですが、夕暮れが近づいて来る20時ごろからが多いです。

　野外映画館は、オープンエアーで映画を観るという体験そのものを楽しむ部分があると思います。スクリーンで映画を観るという行為は映画館と同じなのに、それが野外になっただけで急にワクワクするのですから。夏しかできない楽しみであることが、そのワクワクに拍車をかけている気がします。

　夏とはいえ、夕方以降は気温が急激に下がります。風邪などひかぬよう、鑑賞の際は厚手の上着をお忘れなく。

11 | August

8月11日

キャベツいろいろ

 ドイツ人にお好み焼きを食べてもらおうとキャベツを千切りにしていたら、硬くてまぁ切れないこと、切れないこと。じつはこのとき使っていたのは Weißkohl（ヴァイスコール）という種類のキャベツでした。ドイツで最も一般的なキャベツで、名物のザウアークラウト（乳酸菌発酵させた塩漬けキャベツ）にも使われますが、火を通すとよりおいしさが感じられると思います。

 日本のような柔らかいキャベツがほしければ、おすすめは Spitzkohl（シュピッツコール）です。「とがった」という意味の「シュピッツ」という名前通り、先端がとがった形で葉は柔らか。千切りも簡単にできます。そのほかドイツ料理によく使うのは紫キャベツの Rotkohl（ロートコール）。千切りを甘く煮たものは、肉料理の付け合わせとしてもよく登場します。ちりめんキャベツの Wirsing（ヴィルズィング）は、スープや煮込み料理にぴったりです。

12 | August

8月12日

即戦力を養成するデュアル職業訓練

　ドイツには「デュアル職業訓練」と呼ばれている、伝統的な職業訓練があります。実務と理論を並行して学ぶのが特徴で、週3～4日は職場で働きながら実務を学び、週1～2日は職業学校で理論を勉強する内容です。期間中は訓練先から給与が出るほか、2年から3年半の期間を終了して試験に合格すると修了証書をもらえ、就職への足がかりになります。この職業訓練の対象になる職業はITスペシャリストや小売販売など幅広い産業にわたって、計320以上もあります。職業訓練を受けるのは無料で、訓練用人材募集を見つけて応募します。

　この職業訓練は学歴に関係なく受けられますが、大学生はより高度な専門的知識を求められる職種に就くため、デュアル職業訓練と似たような制度ですが、職業学校ではなく大学などで理論を学ぶ「デュアルシュトゥディウム」制度もあります。こうした制度が充実しているから、職務内容などを限定した人材採用が可能なのだと思います。

13 | August

8月13日

日本でいう「アイスコーヒー」はある？

ドイツの「アイスカフェー」は、日本で「アイスコーヒー」と呼ばれているものとは別物→72/365です。では日本人がイメージする「アイスコーヒー」はあるのでしょうか。

答えは「あります」。ただし、どこにでもあるわけではありません。夏場のサードウェーブ系（アメリカ発祥の、産地にこだわった高品質の豆をハンドドリップで丁寧にいれるスタイル）コーヒーショップなら見かけますが、一般的なカフェや小都市ではおそらくないと思います。ベルリンでは2010年ごろから登場し始めましたが、当時は「アイスコーヒー」という飲みものを知る人がいなかったので、注文時に「冷たいコーヒーだけど大丈夫？」と聞かれたことを覚えています。

「アイスコーヒー」は cold drip や cold brew、iced coffee という名称で売られています。アメリカのコーヒーカルチャーから来ているので、そのまま英語で呼ばれています。

14 | August

8月14日

デモは身近な存在

　デモについて、どんなイメージをお持ちですか。プラカードなどを掲げながら街頭を行進する、デモンストレーションのことです。私はドイツに住む以前は、デモは自分とは関係のないもの、よくわからないものという漠然とした印象しかありませんでした。

　ところがベルリンに住んでみると、この町が政治の中心地ということもあるのでしょうが、デモは日常茶飯事です。規模は大小あり、主張も参加者もさまざま。お祭りのような雰囲気のときもあります。ご近所さんや子どもたちが参加しているのを見聞きするうちに、デモは自分が暮らす世界と同じ場所に存在するものなのだと感じるようになりました。ドイツにいると、多くの人が政治に対して何かしらの意見を持っていて→274/365、カジュアルに語り合っている光景をよく目にします。政治や社会に意思を伝える手段のひとつであるデモは、ドイツ社会に浸透しています。

15 | August

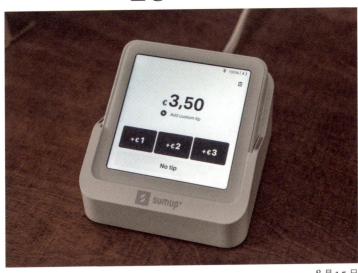

8月15日

急速に進むキャッシュレス化

　コロナ禍はドイツにおいても多くの状況を変えました。お店での決済方法もそのひとつだと思います。それ以前は、小売店や飲食店では現金またはデビットカードしか使えないことが多く、ドイツは周辺の国と比べてカード決済が非常に遅れていると感じていました。

　ところが、コロナ禍で非接触型カードの導入が一気に進み、現在は現金不可・カード決済オンリーのお店もちらほらと登場しています。この流れはチップ→14/365の支払いにも変化を生んでいます。たとえば、ある前払い制のレストランでは、現金決済だったときはチップをほとんどもらえなかったそうです。しかし、カード決済のみに変えるために新たなシステムを導入したところ、決済時にチップの支払い項目も出るため、払う人が増えたのだとか。本来チップはサービスに対するお礼なので、前払いするのはおかしいのでしょうが、時代に合わせてどんどん変わっていくのでしょう。

8月16日

東ドイツ車トラバント

　存在意義を失いながらも、愛され続けている車があります。東ドイツ時代の車「トラバント」です。「トラビ」の愛称で親しまれているこの車は、東ドイツで生まれ、東西ドイツ再統一→186/365後に生産中止になりました。当時の西ドイツ車であるメルセデス・ベンツやフォルクスワーゲンに到底太刀打ちできなかったのです。トラビはその性能から「走る段ボール」「プラスチック製爆弾機」などと揶揄されました。確かにボディはプラスチック製で、物資が不足した1980年代には紙繊維も混ぜられたそうです。排気量が少なくスピードが出ないトラビは、一見おもちゃの車のようでもありました。それでも、東ドイツの人にとってマイカーは貴重。限られた台数の生産だったので、注文から納車までに10年以上かかったそうですが、注文は絶えませんでした。現在は特別許可を得たトラビに限って公道を走れ、ベルリンには、本物のトラビを自分で運転する観光ツアーもあります。

17 | August

8月17日

フォルクスフェスト

「フォルクスフェスト」とは直訳すると「民衆の祭り」で、その土地々々で伝統的に行われてきたお祭りです。宗教的なものや季節を祝うものなど祭りの背景や規模、開催時期はさまざまで、呼び方も「キルメス」「ルンメル」「ヤールマルクト」というように異なります。全体に共通するイメージとしては、日本の縁日の巨大版といったところでしょうか。屋台や移動遊園地が出るほか、パレードなどお祭り独自の催しがあります。

　ミュンヘンのオクトーバーフェスト→174/365 は、ドイツで最も有名なフォルクスフェストといえるでしょう。そのほか、シュトゥットガルトやデュッセルドルフ、ハンブルクなどにも大規模なフォルクスフェストがあります。ベルリンには残念ながら有名なものはありませんが、春夏秋と大きな移動遊園地がやって来るお祭りがあるほか、常にどこかで何かのイベントが開かれています。

18 | August

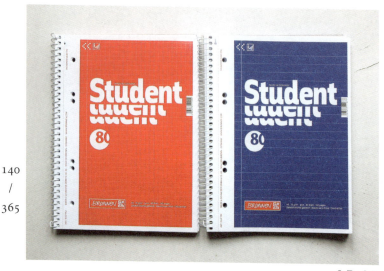

8月18日

A4規格はドイツの発明

　あるとき日本の印刷物を見せて「A4判で……」と話したら「日本にもA4があるの？ A4はドイツの規格だよ」と言われてびっくりしました。そこで調べたら、1922年8月18日にドイツ規格協会が紙サイズとしてA判フォーマットを決めていました。私たちがよく使うA4やA5判は、A0という841×1189mm、面積にして1㎡の紙を基準にしています。A0サイズの長辺を真ん中で1回折って半分の大きさにすればA1、4回折ればA4、5回折ればA5サイズになり、何回折っても紙の縦横比率は変わりません。この規格が決まる以前は、紙のサイズはまちまちで不便だったそうです。ドイツで生まれた紙の規格は現在国際規格になり、日本でも使われています。

　ドイツにいると多くの製品が規格化されていると感じますが、これもドイツ的意識なのかもしれません。整然と棚に並んだ2穴ファイル→32/365も、A4という規格があるからこその光景ですよね。

19 | August

8月19日

ラードラー

　ビール大国ドイツですが、じつはこの数十年で売り上げが減る傾向にあります。そこでビール会社はアルコールフリーや Radler（ラードラー）に力を入れており、いろいろな新製品が増えました。アルコールフリービールは、アルコール度数 0.5％以下のもの。ラードラーはビールをスプライトなどの清涼飲料水で割った、さわやかな甘みとほろ苦さを感じられる飲料です。市販のラードラーはアルコール度数 2.5％前後が多く、ノンアルコールビールによる 0％製品も。もちろん、自分でビールを割って作ってもおいしいです。

　ラードラーをレストランなどで注文するのは、ちょっと難しいかもしれません。頭の「ラ」の発音は、日本人にはかなり難儀なのです。そんなときはメニューを指差しながら言ってみたり、ベルリン周辺やドイツ北部なら別名の Alsterwasser（アルスターヴァッサー）と言ったりすると通じやすいです。

20 | August

8月20日

ガーデンパーティー

　夏が短いドイツのこと、郊外の庭つきの家やクラインガルテン→64/365を持っていれば、やりたくなるのがガーデンパーティーです。手軽にできて人気なのはバーベキュー→84/365ですが、ちょっとエレガントな演出をするのも素敵です。

　私が折に触れ思い出すのが、はるか昔にケルンのホームステイ先で経験したガーデンパーティーです。ホストファーザーが庭に日よけのパラソルを立て、テーブルに布のクロスをかけたら、ホストマザーがテーブルコーディネートを始めました。すると彼女は「ひらめいた」と言って庭に生えていたシダを切り、大きなガラスプレートの下に敷いたのです。明るい黄色のクロスにシダの緑色がプレート越しに映えて、夏らしくてちょっとおしゃれな、ガーデンパーティーにふさわしいテーブルになりました。あのときのアイデアをいつかやってみたいと、ずっと思っています。

21 | August

8月21日

有給休暇消化率ほぼ100%

　ドイツ人にとって休暇は本当に大切で、休暇のために働いているといっても過言ではないでしょう。ドイツでは、週6日フルタイムで働く労働者なら年間最低24日間（週5日なら年間最低20日間）の有給休暇を取得できると法律で定められており、実際にはそれを上回る年間30日程度はあります。2022年の平均有休取得日数は31.8日なので、30日以上休んでいる人もいるわけです。ちなみに、病欠は有休とは別の扱い。有休はあくまでもリフレッシュ、休養のために取るものです。誰もが有休を全消化することを前提に会社も回っています。たとえば、各人の仕事の進捗状況をみんなが確認できたり、休暇中の人の仕事を誰かが引き継いだり。急用でないなら、担当者の休暇明けまで仕事がストップすることも普通です。多少不便でも休暇を取るのはお互いさまで、それがあたり前の社会なのですね。きちんと休むからこそ仕事もできる、そう話すドイツ人は大勢います。

22 | August

8月22日

フリーマーケット

　お店が閉まっている日曜日→65/365のお楽しみといえば、フリーマーケット。日曜日になると公園や広場にテントが立ち、食器や服、雑貨、家具、家電、果ては何に使えるのかよくわからないネジやナットなどまでぎっしりと並びます。山のような商品から好みのものを見つけ出したときは、まさに一期一会だと感激します。

　私がフリーマーケットでよく買ったのは食器と家具です。ドイツに住み始めて間もないころ、まだ生活必需品もまともにそろっていなかったときに、フリーマーケットは大きな味方でした。そこに並んでいた1950年代や60年代の品ははじめて見るようなデザインで、私には現代のものよりも魅力的に映りました。

　やがてメーカーや産地が気になり出して少しずつ調べ始め、そこから製品が生まれた当時のドイツの暮らしを知りました。フリーマーケットは私にとって、歴史に触れる入り口でもあったのです。

23 | August

8月23日

アピールする製品パッケージ

石けんを買ったら、その箱にいろいろな説明が書いてありました。
「この箱はリサイクリング素材が80%使われています」
「原材料の98%に生分解性があります」
「印刷のインクは鉱物油フリーです」

など、環境へ配慮している点が列挙されています。石けんだけではありません。食品、化粧品、そのほか身近な商品のパッケージの多くに、なんらかのアピールや認証マークが印刷されています。そうした表示によって商品の質や姿勢を示すことが企業にとって重要で、消費者にとっても商品選びのひとつの要素になるということでしょう。まさに「買いものは選挙」→55/365です。こうした表示に対してグリーンウォッシュ（環境に配慮しているアピールをしながら、実際は異なること）と批判されるケースもあります。よりよい選択のために消費者側も知識のアップデートを求められていると感じます。

24 | August

8月24日

自然と触れ合う田園都市

　大都市郊外の住宅地を歩いていて、統一感のある外観の家がまとまった一帯に出くわしたら、それは「田園都市」として開発された場所かもしれません。田園都市とは、都市と農村のいいとこ取りを目指し、1898年にイギリスの社会改革家エベネザー・ハワードが提唱したもの。当時のイギリスは産業革命で大都市に工場が集中して、都市の人々の生活から自然が失われていました。ハワードは大都市の周りに、庭や農村のある田園都市を開発して、自然と触れ合える生活を目指しました。その考えがドイツにも入り、20世紀初頭から各地で田園都市が誕生しました。有名な田園都市はいくつもありますが、私が好きなのはドイツ西部・エッセン郊外のMargarethenhöhe（マルガレーテンヘーエ）です。緑の中に低層アパートが並んでいて、それぞれの建物のデザインは異なるのに、窓枠やドアは白と緑色で共通していて、とてもメルヘンチック。見て歩くだけで心が弾みます。

25 | August

8月25日

8月は秋の気配

 8月も終わりに近づくと、それまでのはしゃいだ気分は少しずつ消えて、次第にブルーになっていきます。秋はもちろん美しく、その季節のよさもありますが、その先に待ち受けている冬を思うと憂鬱になってしまうのです。

 秋はひたひたと忍び寄って来ます。たとえば、緑に輝く街路樹の葉に黄色が混じっているのを見つけたとき。朝晩にセーターがほしくなったとき。素足で外出できなくなったとき。年によっては暖房をつけたいと思うこともあります。8月下旬は、もうそういう時期です。

 そんなときは、秋の楽しいことを頭に思い浮かべます。キノコ狩り→162/365にフェーダーヴァイサー→170/365など、おいしいものをたくさん味わえると思うと、ちょっとだけ気が晴れます。でも、たまに暑さが戻ってくる年もあり、そんなときは秋の楽しみなどコロッと忘れて名残の夏に浸ります。

26 | August

8月26日

騒音禁止の時間帯

　ドイツ人は音に敏感な人が多いです。Ruhezeit（ルーエツァイト）という騒音禁止時間帯の法律があるのには驚きましたが、ドイツ人の日ごろの言動を考えると不思議ではありません。ルーエツァイトの時間帯は州によって異なり、ベルリンでは土曜日を含む平日の22時から翌6時までと、日曜・祝日の終日がそれに当たり、集合住宅によってはさらなる規則もあります。その間は騒音禁止ですが、騒音に該当するものにシャワー、掃除機、洗濯機などの使用や、ガラス瓶を共有のゴミコンテナに捨てる行為も含まれているのです。深夜に大声で騒ぐのは言語道断として、夜に洗濯もできないと困ることもあるでしょう。一方で、家で夜通しパーティーをする前には集合住宅のエントランスに貼り紙をして、あらかじめ近隣住民の理解を求めたりもします（が、それでも本来は禁止です）。住民の年齢層など周囲の環境によって、受け止め方に差が出るように思います。

27 | August

8月27日

お腹の調子が悪いときにはラスクを

　急にお腹の調子が悪くなるときって、ありますよね。そんなときにドイツではラスクを食べるのがよい、と昔から言い伝えられています。ラスクのことをドイツ語では「Zwieback（ツヴィーバック）」といいますが、これは「2度焼く」という意味。その名の通り、ラスクは食パンを2度焼きしたもので、サクッと軽い食感が特徴です。2度焼きにしてあることで消化がよいため、下痢や便秘といったトラブルには最適なのだそうです。長期保存がきくので、いざというときのためにストックしておくといいかもしれません。また、胃腸が悪いときは水分も摂取したほうがいいので、ラスクと一緒にカモミールティー→290/365 を飲むのも、昔ながらの対処法です。

　ラスクは、健康なときにバターを塗って食べても、また美味。ですが、ビタミンやミネラルが少なく、脂肪分が高めなので、たまにおやつとして楽しむぐらいがよさそうです。

28 | August

8月28日

手漕ぎボートが公共交通

　ベルリンの公共交通 →9/365 には、じつは船も含まれます。ベルリン周辺には湖がいくつもあるので、船も必要な交通手段というわけです。公共交通ですから普通の切符で乗れます。

　でも、船と聞いたら大型船を想像しませんか？ もちろんそうした路線もありますが、驚くことに手漕ぎボートも立派な公共交通として存在しているんです。ベルリンの東側にある F24 路線がそれで、Müggelspree（ミュッゲルシュプレー）という水路の両岸を手漕ぎボートがつないでいます。この渡し船路線は 1911 年に開始されたそうで、現在は初夏から初秋までの週末のみ運航しています。路線といっても、始発となる一方の岸から終点の向こう岸までは目と鼻の先。所要時間わずか数分の、ベルリン市内交通としては最も短い路線ですが、オールで漕ぐ船頭さんと水路を渡れば気分はもう日帰り旅行。こういう路線が公共交通として存続しているベルリンが大好きです。

29 | August

151 / 365

8月29日

住まい探しはどこも大変

　ミュンヘン、ハンブルク、フランクフルトなど、ドイツの大都市はどこも住まいを見つけるのが至難の業といわれており、ベルリンも例外ではありません。ドイツの賃貸住宅探しにはいくつか方法があって、主流は物件サイトをチェックするやり方です。条件に合いそうな物件をサイトで見つけたらすかさずメールで連絡しますが、あまりに競争が激しいので、返事が来ることがまれ。そのため、とにかく多くの物件にメールを送り続け、うまくいけば内見にこぎつけられ、さらにうまくいけば賃貸契約を交わせます。最初に内見した人に決まるわけではなく、大家さんが内見者の中から契約する人を選ぶので、安定した収入や人柄などが重視されると思います。不動産会社に依頼する方法もありますが、家具つきの（ドイツではキッチン設備を含めて家具なし物件が多いです）高額な物件が多いので、高所得者でないと難しいところ。WG→307/365 探しなら、専門サイトがあります。

30 | August

8月30日

博物館の長い夜

　ドイツの大都市には、Lange Nacht der Museen（ランゲ・ナハト・デア・ムゼーン＝博物館の長い夜）と呼ばれるイベントが年に１回あります。開催日の18時ごろからスタートし、深夜１～２時ごろまで続くイベントで、チケット１枚で協賛の博物館・美術館に入館し放題な上に、この夜だけの特別レクチャーやパフォーマンスも鑑賞できるという内容です。そのほか子ども向けの催しもあります。1997年にベルリンではじめてこの企画が実施されて以降、フランクフルト、ミュンヘン、ハンブルクといったドイツ国内はもとより、パリやウィーンなど他国の都市にも広がりました。開催時期は都市によって異なりますが、ベルリンでは８月下旬に開かれています。2024年のベルリンのイベントでは75の施設が参加し、約４万5000人が「博物館の長い夜」を楽しんだそうです。真夜中に博物館や美術館にいると考えるだけで、なんだかワクワクしてきませんか？

31 | August

長い単語

　ドイツ語を勉強していると、ときどき出くわす長い単語に呆然とします。単語同士をいくつもつなげて一単語にできるので、いくらでも長くなってしまうのです。たとえば……
Donaudampfschifffahrtselektrizitätenhauptbetriebswerkbauunternehmenbeamtengesellschaft（ドナウ汽船電気事業本工場工事部門下級官吏組合）1行に収まりきりません。あまりの長さにギネスブックにも掲載されたとか。ただし、上の単語は一般的な言葉ではありません。ドイツ語辞書 Duden（ドゥーデン）デジタルデータバンクの中で長いものは、
Grundstücksverkehrsgenehmigungszuständigkeitsübertragungsverordnung（不動産取引許認可権限委託規則）
Arbeiterunfallversicherungsgesetz（労働者災害補償保険法）
Kraftfahrzeug-Haftpflichtversicherung（自動車損害賠償責任保険）
ほかにも Veranstaltungsinformationsdienst などありますが、文字数が。

1 | September

9月1日

首都ベルリン

　日本を出て、1年ぐらい息抜きをするつもりで住み始めたベルリン。それが17年も続くことになったのは、ひとえにこの町が魅力的だったからです。何がそこまで私を魅了したのかといえば、ゆるくて、クリエイティブで、緑が多く、誰にでも居場所があって、自分も何かできそうと思える空気でした。遊んで、働いて、息をして、そんな人間らしい暮らしが、ここならできると感じたのです。

　ベルリンは1990年のドイツ再統一 → 186/365 まで東西2つに分断されていた、歴史的にも唯一無二の都市です。ドイツは連邦制国家で州の権限が非常に大きく、日本のように首都に一極集中しているわけではありません。ベルリンは政治と文化の中心地ですが、大きな産業はなく、他州に比べて失業率もまだ高いです。だからこそ創造的になれるのかもしれません。近年は経済発展してずいぶんきちんとして来ましたが、ベルリン特有のゆるさは消えてほしくないと願っています。

2 | September

9月2日

東西ドイツのメンタリティ

　ドイツは第二次世界大戦後に東西2つの国に分断され、1990年に再統一→186/365されるまで別々の道を歩んできました。いまでもかつての両国のメンタリティの違いについて話題に上ることがあります。たとえば、あの人は旧東（西）ドイツの出身だから○○○だ、という具合です。確かに片や社会主義、片や資本主義の国でしたから、そこで長年暮らせば価値観は違ってくるでしょう。

　私が親しくしていたドイツ人は図らずも東ドイツ出身の人が多く、これまでWG→307/365で同居したドイツ人はみんなそうでした。傾向として自己主張は控えめで、おっとりしていると思います。それは、思想や発言の自由が制限されていた社会主義の下で育ったからかもしれませんし、個人の性格かもしれません。また、東西ドイツの違い以外に、南北ドイツの違いもあります。出身地だけで相手の何かをわかったような気にならないように心がけています。

3 | September

9月3日

フォークの背に食べものはのせない

　ナイフとフォーク。日本でもさんざん使ってきたつもりでした。ですが、ドイツに来たら私は使い方が下手だと感じたのです。正確に言うと、ドイツ人たちのナイフとフォークの使い方にバリエーションがあり、私はその一部しか知らなかったのだと思いました。

　正しいマナーかどうかは別として、ドイツではサラダもインドカレーのライスも、頑なにナイフとフォークの2本を使って食べます。何を食べるにせよ、食べやすい大きさに切ったり、場合によっては折ったりしてフォークに刺すか、フォークの凹みにのせて食べます。ライスなどの小さなものはナイフを使ってフォークの凹みに運びます。右手にフォーク1本を持って食べることはしません。フォークの背に料理ものせません。いまは私もだいぶ慣れてきましたが、それでもまだ周りのドイツ人に比べるとナイフとフォークのせいで食べるのが遅いようです。箸で日本食を食べるのは速いのですが。

4 | September

9月4日

民族衣装その③　シュプレーヴァルト編

　ポーランドとの国境沿いに広がるドイツ東部のSpreewald（シュプレーヴァルト）という森には、スラブ系少数民族で固有の言語・文化を持つソルブ人が暮らしています。シュプレー川の支流が森の中をくまなくめぐるこの地の集落は、水路によって互いに隔てられていたので民族衣装もそれぞれ細かく異なり、シュプレーヴァルト全体で共通のものはありません。各集落の民族衣装を見るのなら、ブルクという自治体が開催する民族衣装フェスティバルがチャンス。このパレードで各地の団体が身につけている衣装は地域やTPOによって多彩で、一見似ていてもディテールが細かく違い、服を見れば未婚・既婚の区別や出身地がわかったそうです。ブルクの祝祭用衣装は左右に張った被りものや花の刺繍が施されたスカーフ、スカートの上からつけるレースのエプロン、リボンベルトなど、とてもロマンチック。伝統的な衣装は、人々の努力によって受け継がれていることを感じます。

5 | September

9月5日

料理はシンプルだがケーキは焼く

　火を使わない夕食 →76/365 を習慣とする家庭が多いように、ドイツの食卓は日本人の基準からすると、シンプルで質素に見えることが多いです。一度の食事に何品も作ったりはしません。

　しかし、日常的にケーキを焼く人はかなりいるのです。以前ベルリンで一般家庭のキッチンを20軒ほど取材させてもらったのですが、どの家にも必ず製菓道具があったのには驚きました。私から言わせれば、料理よりもお菓子作りのほうがはるかに面倒で大変なのですが「慣れれば簡単ですよ」「日曜日のコーヒータイムに必要だから」「作ったほうが安いし、自分で選んだ素材を使うから安心できます」など、まったく苦ではない様子でした。ドイツでは日曜日に家族や友人が集まってケーキとコーヒーを囲む習慣が残っていますし、昔の主婦にとってケーキ作りは特別なことではありませんでした。手作りケーキは長年続いてきたドイツの生活文化なのだと思います。

6 | September

9月6日

センスのいい部屋はミックスインテリア

　「新しいものと古いものをミックスしているんですよ」一般宅のインテリア取材をしているときに何度も聞いたコメントです。センスのいい部屋に共通していたのは、ひとつのブランドやデザイナーですべてをまとめることはせず、ほどよくミックスしていたことです。たとえば、新しい家具とミッドセンチュリーのヴィンテージ家具とのミックス。北欧テイストインテリアに、アフリカ製の小物をプラス。無機質でモダンなインテリアに、鳩時計を飾る、といった感じです。異なるスタイルをミックスしても、バランスと全体のテイストに統一感があれば決してチグハグにはならず、そのミックス加減に個性が表れると実感しました。フリーマーケット→144/365 やリサイクルショップなど、手頃な価格の中古品を手に入れられる場所はたくさんあります。掘り出し物をチェックし、じっくりと楽しみながらインテリアを作り上げている人々に刺激を受けています。

7 | September

9月7日

入学式の甘い円錐形

　ドイツの小学校は9月が入学式。その日には新1年生が大きな円錐形の入れものを持って登校します。この円錐形、いったいなんでしょう？ 答えは入学祝いのお菓子入れ。ドイツ語でSchultüte（シュールテューテ）といいます。家庭でお菓子やちょっとしたおもちゃを入れ、これを学校に持参し、帰宅時にまた持ち帰って家庭で開けて中のお菓子を食べます。不思議なことに、学校では開けません。シュールテューテの発祥はドイツ中部のテューリンゲン州やザクセン州、ザクセン＝アンハルト州で、19世紀にはすでにあり、その後ドイツ全土に広がりました。最初は現在のような大きな円錐形ではなく、先の尖った袋などに甘いものを詰めていたそうです。この習慣は敗戦後の貧しいときも、東西ドイツに分かれたあとも続きました。シュールテューテはたいてい紙製で、カラフルなイラストや飾りがついています。親が子どものために手作りすることもあります。

8 | September

9月8日

文化財オープンデー

　建物鑑賞が大好きな私が心待ちにしているのが9月の第2日曜日。この日は文化財オープンデー。文化財指定されている多くの歴史的建築や庭園などが一般公開される日で、ふだんは入れない場所も見学できます。ドイツ各都市で一斉に開かれ、ベルリンでは第2日曜日とその前日の土曜日の2日間が開催日です。対象となる文化財はベルリンだけでも約300（2024年）あるので、とてもすべては回れません。また、一部の文化財には予約が必要です。そこで、プログラムが掲載された冊子やホームページ、専用アプリを事前に入手して計画を立てます。この時間も建物好きにとっては至福のひとときです。

　文化財オープンデーのおかげで、これまでに19世紀の給水塔や元ビール醸造所、社会主義時代のアパートなどを見学し、そのたびに大興奮していました。これほど充実した内容でありながら、参加は無料。誰でも歴史と文化に触れられる、素晴らしい機会だと思います。

9 | September

9月9日

キノコ狩り

　秋はキノコの季節。暑さが一段落し、雨が降って土が湿ると、森にはキノコが現れます。ある日友人から誘われて、私はいそいそとはじめてのキノコ狩りへ出かけました。とはいえ、友人も私も初心者です。食用と有毒キノコの区別もつかない状態なので、初心者向けのキノコ狩りツアーに参加しました。キノコが生えていそうな場所、食用キノコの見分け方などひと通りのレクチャーを受けたら、あとはみんなで移動しながらキノコ探しです。ドイツで有名な食用キノコは Steinpilz（シュタインピルツ＝ポルチーニ茸）やプフィファリンゲ→114/365。突然「私のー！」と大声がして振り向くと、参加者がシュタインピルツを手に拳を振り上げていました。キノコ狩りは、大人も夢中にさせてしまうのですね。友人と私が集めたのは「食べられるけどおいしくはない」というキノコばかり。家に持ち帰ったキノコを見ていたら、なぜか急に怖くなって、結局調理はできませんでした。

10 | September

9月10日

カラフルなランドセル

　ドイツのランドセルは、通学用リュックサックというほうがぴったりくる見た目です。カラフルでカジュアルなデザインで、最初に見たときはずいぶん派手だなと思いましたが、それは安全に通学できるように路上で目立つ工夫がされているからなのです。確かに、低学年の子どもは小さいので事故に遭う可能性も高そうです。ドイツの冬は朝が遅く、登校時間はまだ真っ暗だったりするので、ランドセルに反射板がついていたり、蛍光色が使われていたりすれば、遠目からでも目立つというもの。もちろん、子ども自身もカラフルなデザインを喜ぶという面もあると思います。

　ランドセルの形にも流行はありますが、実用的で軽く、子どもが無理なく背負えるという点は同じ。ランドセルによっては、同じデザインのペンケースやナップザックなど、入学に必要なグッズがセットになっていることも。値段は200〜300ユーロほどです。

11 | September

9月11日

進化するエコバッグ

　折りたたんでカバンの中に常備しているエコバッグ。スーパーマーケットのレジ袋が有料になる前から、多くの人が携帯していたように思います。各スーパーやドラッグストアにはオリジナルのエコバッグが売っているほか、イベントなどのノベルティグッズとしても人気です。いつの間にか私のもとにもたくさん集まってきて、プチコレクション状態になりました。デザインがかわいいものはもったいなくて、なかなか使えずにいます。

　以前はエコバッグといえば薄いコットン製で、マチなしのタイプが主流でした。持ち運びには便利なのですが、ちょっと入れるとすぐにいっぱいになってしまうのと、商品を水平のまま運べないのが難点でした。同じ考えの人が多かったのか、現在は幅広のマチがついた、リサイクル素材製の進化系エコバッグもあって選択肢が広がっています。かわいいエコバッグは、お土産にもぴったりです。

12 | September

165 / 365

9月12日

おやつにニンジンをポリポリ

　学校や勤務先にお弁当を持って行く習慣があるのは、ドイツも同じ。ドイツの小学校は朝早くから始まるので、昼食の前に間食タイムがあり、そのときに食べるパン→43/365 や果物を持参します。その内容はきわめてシンプルで、パンのスライスにハムやチーズをはさんだものなどが主流です。さらに、リンゴやバナナがまるごと加わるのがパターン。調理の要素はほとんどなく、素材重視の内容です。火を使わない夕食→76/365 に通ずるものがありますね。

　リンゴをまるごと持ち歩くのはよくあることで、それを町なかでかじっている人の姿もよく目にします。ときにはニンジンをそのままポリポリと食べている人も。なかなかワイルドだなと思いますが、ジャンクフードでお腹を満たすよりもはるかに健康的です。しかも、食の安全にこだわる人が多いドイツですから、オーガニック→73/365 の野菜やフルーツである確率も高いのではと推測しています。

13 | September

9月13日

女性と育児と仕事

　女性と育児、仕事はドイツでも重要なテーマです。2022年のドイツ連邦統計局の発表によると、18歳未満の子どもを持つ母親のうちなんらかの形で働いている人は69.3%で、2008年の62.8%よりも増加しています。3歳未満の子どもを持つ母親に絞ると40%弱が働いていて、この数字も2008年より増えています。勤務がフルタイムかパートタイムかは、このデータからはわかりません。私がこれまで取材した、小さな子どもを持つ女性たちはパートタイム勤務の人が多かったです。ただし、ドイツのパートタイムは、時短勤務ですが立場はあくまでも正社員なので、日本とは少し違うかもしれません。フルタイムで働く女性は、放課後の子どもを近所の子どもたちと一緒に遊ばせたり、習いごとに通わせたりしています。いずれにせよ、育児と仕事の両立は、ドイツでも簡単ではないと感じます。もちろん、育児は母親だけのものではないことは自明なことです。

14 | September

9月14日

ドイツデザインの礎、バウハウス

　ドイツに、いえドイツだけでなく世界の造形デザインに大きな影響を与えた「バウハウス」。1919年にドイツ中部のワイマールで創立された芸術学校で、建築、工芸、絵画、彫刻など、総合的に芸術を学ぶ場でした。開校当時のドイツは工業化が進んでおり、個人による芸術と工業化による大量生産、機能性の融合を試みた点が画期的でした。しかし、あまりに革新的だったためにワイマールで批判を受けてデッサウ、そしてベルリンへと移ることになり、最終的にナチスの弾圧を受けて閉校せざるを得なくなりました。もし当時の政権が違っていたらバウハウスはいまもドイツで存在し続けたのかも、と想像をしてしまいます。合理的で機能性を追求したバウハウスのシンプルで直線的なデザインは、ドイツデザインの礎となり、現代でも建築、家具、インテリアにその精神が見て取れます。デッサウには校舎が、ワイマールとベルリンには博物館があります。

15 | September

9月15日

ミュンヘン名物白ソーセージ

　ベルリンの名物ソーセージがカリーヴルスト→106/365なら、ミュンヘンの名物は間違いなくヴァイスヴルストです。ヴァイスは白、ヴルストはソーセージの意味なので、直訳すると白ソーセージ。挽いた仔牛肉または豚肉にスパイスなどを混ぜて作られます。

　このソーセージは焼かずにお湯で温めて食べるのが特徴で、ミュンヘンのレストランで注文すると、お湯に入ったヴァイスヴルストとお皿が運ばれてきます。お皿の上に取り出したらナイフで皮をむき、これまたミュンヘン名物の甘いマスタードにつけて食べます。その食感はふわふわで、どこかはんぺんにも似ており、やみつきになりそう。さらにブレーツェル→311/365をつければ、もう完璧です。冷蔵庫がなかった昔は、ソーセージが傷まない午前中に食べろと言われていましたが、もちろんいまでは何時でも大丈夫です。スーパーで売られているので、ドイツ全土でこのおいしさを味わえます。

16 | September

9月16日

複層ガラスの窓

　私が住んでいたベルリンのアパートはアルトバウ→26/365で、築100年以上経っていました。建設当時と現代とでは時代が大きく変わっているので、それに合わせて快適に暮らせるように各所がリノベーションされています。

　そのひとつに窓があります。写真の窓は一見普通ですが、じつは窓枠にガラスが2枚入っている、複層ガラスと呼ばれるもの。1枚のガラスに比べて高い断熱効果があるので、省エネにつながります。現在はガラスが3枚入っている製品もあります。複層ガラスに変わったことで、窓枠もドレーキップ窓というタイプになりました。写真のように内側に開けられるほかに、窓枠についたハンドルを回して窓の底辺を固定し、上部分だけを内側に倒すこともできるので便利です。

　古い建物を適切にリノベーションすることで、昔の趣を感じながら、エネルギーに配慮した快適な生活を送っています。

17 | September

9月17日

発酵途中の新ワイン、フェーダーヴァイサー

　8月の終わりごろになるとスーパーマーケットにFederweisser（フェーダーヴァイサー）のボトルが並び始めます。「白い羽」という意味の発酵途中のワインで、瓶内には発酵による炭酸ガスがプクプクと浮かび、酵母はろ過されずにそのまま残っています。地域によってNeuer Wein（ノイアー・ヴァイン＝新酒）などとも呼ばれています。白が主流ですが、赤やロゼもあり、レストランで飲めることもあります。新ワインなので10月中旬ごろまでしか飲めません。

　お味はまるでリンゴジュース。甘くてとても飲みやすいのですが、フェーダーヴァイサーはアルコール度数が最低でも4％程度はある（発酵が進むと度数も上がります）、れっきとしたアルコール飲料です。くれぐれも飲み過ぎには注意しましょう。このお酒にはドイツ風タマネギキッシュのZwiebelkuchen（ツヴィーベルクーヘン）をお供にするのがお約束で、この組み合わせにドイツの秋を感じます。

18 | September

9月18日

公園がある豊かさ

　ドイツでは緑を身近に感じます。ベルリンには 2500 以上の公園があるそうで、市の中心にはかつてプロイセン王家の狩猟場だったティアガルテンの森が横たわり、各エリアには広大な市民公園が広がります。ちょっとした緑地は、枚挙にいとまがありません。私の自宅からも徒歩圏内に公園が複数あり、気分転換によく歩いたものでした。

　誰もが利用できる広い公園が身近にあるのは、市民がそれを求め、行政も保護しているからだと思います。商業施設や住宅を建てるほうが経済的にはメリットがあるでしょう。公園は商業的でない上に、手入れにコストもかかります。しかし、公園があれば散歩→129/365 もピクニック→56/365 も誕生日パーティー→74/365 もできます。コロナ禍では多くの人々が公園で癒やされました。高級なお店があるのは豊かさの指標かもしれません。しかし、自由にくつろげる公園がいくつもあるなんて、この上なく豊かなことではないでしょうか。

19 | September

9月19日

列車で船旅

　列車を降りると、そこは海の上でした。冗談ではなく、ドイツ北部のハンブルクとデンマークのコペンハーゲンを結ぶ列車で、そんな体験が2019年までできました。渡り鳥ラインというルートで、途中でドイツとデンマークの間に横たわる海峡を船で渡るのですが、なんと列車ごと船に乗り込むのです。そのことを知らなかった私には、この「列車で船旅」は忘れられない経験になりました。乗車途中で車窓が暗くなったかと思うと停車し、周りの乗客がぞろぞろと下車していきます。不思議に思って一緒に降りてみると、そこは倉庫のような場所。さらに人々について階段をのぼると船の甲板で、辺り一面海でした。

　現在は列車と船のハイブリッドは廃止され、別ルートで列車だけで2都市を結んでいます。将来的には海峡にトンネルが完成し、列車のみでトンネル内を走ることになるそうです。所要時間は縮まりますが、海底よりも海上を走るほうが楽しそうですね。

20 | September

9月20日

アイアンの看板

　外壁から通りに向かって突き出たクラシックな鉄製の看板は、いかにもヨーロッパらしいもの。遠目からでもよく目立つため、昔から飲食店やホテルでよく使われてきました。もともとはシンプルな形状だったようですが、17世紀ごろから曲線や楕円を多用するバロック様式がドイツにも入って来たことで、現在のような装飾的なデザインが主流になったようです。看板の真ん中にあるのは、熊や鷲、白鳥などの動物をモチーフにしたものが多いほか、十字架や王冠、太陽などもあります。看板を掲げているのはおもに飲食店やホテルですが、こうした業種は店名に動物の名前がついているケースが多いのです。また、酒場ではワインの原料となるブドウがモチーフになるなど、ひと目で店の業種がわかります。瞬時に理解できるアイコンのメリットは、昔もいまも同じですね。こうした鉄製の看板は、おもにドイツ南部やオーストリアの歴史ある都市でよく見られます。

21 | September

9月21日

ビールの祭典、オクトーバーフェスト

　ドイツで最も有名なお祭りといっても過言ではない、ミュンヘンのビールの祭典「オクトーバーフェスト」。毎年9月下旬から10月上旬に開かれる、ひたすらビールを飲み、料理を食べまくるお祭りです。その起源は、1810年10月に行われたバイエルン王国皇太子ルートヴィヒとテレーゼの結婚祝いで、そこから現在の形に発展しました。会期中のミュンヘンは世界中から訪れる人々で大にぎわい。バイエルンの民族衣装 →6/365 を身につけた地元民や旅行者が町中を闊歩して、まるで町全体がお祭り会場のようになります。

　ビールや料理は、オクトーバーフェスト会場内にある醸造所ごとの巨大なビールテントで楽しめ、ビールの注文は1リットルジョッキが基本です。入場無料ですが、ビールテント内の席は予約で埋まってしまうので、ふらっと立ち寄るなら開場直後の早い時間帯がおすすめです。飲まずに雰囲気だけ味わうのも、きっと楽しいと思いますよ。

22 | September

9月22日

「それは私の仕事ではない」

　「それは私の仕事ではない」
　窓口や電話をした先で、そんな言葉を聞いたらどう思うでしょうか。私は信じられないという驚きと怒りがないまぜになって、最初のころはそのたびに激昂していました。しかし、数回そのセリフに直面するうちに慣れてしまったのと、ドイツの働き方がいかに就業時間内に効率よく終わらせるかという点を重視していることを知って「ではどこに聞けばいいですか」と、あっさり流すようになりました。
　繁忙期でもないのに日常的に残業をすることは、時間内に仕事を終えられないと見なされて評価されないのだと、ドイツで働き方についてインタビューをしたときに何回も聞きました。また、仕事の範囲がきっちり決まっていて、それ以外はやらないと即断できるのも、冒頭のセリフを聞く一因だと思います。それにしても、もう少し婉曲な表現もできるだろうに、といまでもときどき思います。

23 | September

9月23日

小学生から万年筆

　文房具店に行くと、カジュアルなデザインで手頃な価格の万年筆がたくさん売られています。それで遠い昔、私が小学6年生のときに1年間だけドイツの学校に通っていたときのことを思い出しました。当時のクラスメイトたちは、みんな万年筆を使っていました。後に、ドイツでは小学生のうちから万年筆を使わせているのだと知りました。でも万年筆って、一度書いたら間違えても消せませんよね。そんなときのために、インク消しペンもあります。万年筆で書いた文字の上からなぞるとインクが消えるペンで、修正液とは違います。ただし、インク消しペンの使用を禁じている先生もいるとか。万年筆を使う理由については、消せないことで書く前に熟考するようになるとか、ボールペンよりも力がいらない、文字が美しく書けるなど諸説あるようです。そういえばドイツのボールペンの色は青が標準で、黒はほとんど見かけません。これも万年筆の流れを汲んでいるのでしょうか。

24 | September

9月24日

外付けエレベーター

　ベルリンにあるアルトバウ→26/365 の集合住宅は、19世紀後半から20世紀初頭に建てられています。建設当時はトイレが室内にない場合が多く、階段の踊り場や中庭に共同トイレがありました。もちろんセントラルヒーティングもありませんでした。そうした設備を時代とともに設置していったのですが、エレベーターだけは未だにないアルトバウが多数派な気がします。かつてのわが家もなく、日本の5階に当たる（ドイツでは4階とカウントします）自宅まで毎日息を切らして階段を上り下りしていました。エレベーターを造りたくても、スペースの関係上無理な物件もよくあり、どうしてもとなると建物の外側にくっつけることになります。すると、エレベーターを降りた先は階段の踊り場で、結局半階分は階段を使うことに。たまに建物内にエレベーターを備えたアルトバウを見ると感動します。でも階段昇降はいい運動になるので、健脚なうちはそれもよし、ですね。

25 | September

9月25日

国民的チョコレート

　ドイツ人はチョコレートが大好き。日本チョコレート・ココア協会発表の「世界主要国チョコレート生産・輸出入・消費量推移」によれば、2019年のひとり当たりのチョコレート消費量で、ドイツは世界第2位。なんと9kgも食べているようですが、日常の様子を見ているとそれほど意外でもありません。確かにドイツのチョコレートはどれもおいしいんです。特に、国民的ブランドともいえる「Ritter Sport（リッターシュポルト）」は味がよく、フレーバーも豊富で私はお気に入り。日本でも「リッタースポーツ」の名で販売されています。ジャケットの胸ポケットに入る正方形、重さは縦長の板チョコレートと同じで、厚くて割れにくい、というコンセプトは1932年の商品誕生以来変わっていません。ベルリンにはフラッグシップストアがあり、棚には定番と限定商品がズラーッと並ぶほか、オリジナルチョコレートを作れるコーナーもあって、チョコレート好きにはたまりません。

26 | September

9月26日

体感温度の違い

　これはドイツに限らずヨーロッパ全体にいえるのですが、人々の体感温度が自分とはかなり違うと感じます。私が厚手のジャケットを着ているときに、Tシャツ・短パン姿で歩いている人もちらほら。この違いはどこから来るのかと思って調べたのですが、どうもさまざまな要因があるようです。

　よくいわれているのは基礎体温の違いです。確かにドイツで平熱と見なされる範囲は、個人差はあるものの37.4℃までのようで、37℃で医者に行っても何もしてくれません。でも平熱が低い私にとっては、37℃を超えればすでに発熱状態です。体温のほかに、筋肉量や脂肪量も体感温度に大きく影響するようで、それは体格や性別、育った環境などによっても異なります。当然ながら、ドイツ人も体感温度に個人差はあります。革ジャン姿の隣にタンクトップの人がいると、本当に人はみなそれぞれ違うんだなぁと、妙に納得します。

27 | September

9月27日

ワイン生産農家の期間限定ワイン酒場

　ドイツのワイン産地を秋から冬に訪れるのなら、チェックしたいのが期間限定のワイン酒場です。これは自前のブドウ畑を持つワイン生産農家が、1年のうちの一定期間だけ自家製ワインと家庭料理をお客にふるまうもので、自宅の一室や地下室がその時期だけ酒場になります。オープン期間の目印として、玄関やその近くに飾りのついた木のほうきや花束、花のリースを掛けています。

　このワイン農家酒場には誰でもお客として行けます。もちろん旅行者にも門戸は開かれています。プライベートな雰囲気の中で味わう自家製ワインと料理が、おいしくないわけがありません。ただしローカル色が強いので、メニューの方言や郷土料理の内容がドイツ人でさえわからないことも。そんなときは周りの人に聞くに限ります。営業中の酒場を探すにはBesenwirtschaften、Straußwirtschaftenで検索するか、地元のツーリストインフォメーションで教えてもらいましょう。

28 | September

9月28日

豚肉を生で食べる

　ドイツでは豚の挽肉を生で食べると知って、仰天しました。生の挽肉に塩、コショウ、タマネギのみじん切りなどを混ぜたもので、Mett（メット）またはベルリン辺りでは Hackepeter（ハッケペーター）と呼ばれています。これをパンに塗って食べるのです。精肉店では量り売りのほか、パンに塗った状態でも売られています。でも、安全なの？ と心配になりませんか？ ドイツで豚を生食できるのは、挽肉令という行政の指令によって、寄生虫検査や挽肉加工時の条件などが厳しく決められているから。ドイツでは何ごとも決まりを作りたがり、私などは、そこまでしなくてもいいのではと思うこともありますが、豚挽肉に関しては決まりがあることで安心できます。

　メットの味と食感はネギトロに似ています。臭みはなく、スパイスが感じられて、口当たりはなめらか。ご飯にも合うと思います。でも私は心配性なので、たまにこわごわ口にするだけなんですが……。

29 | September

9月29日

ベルリン・マラソン

　「がんばれ、がんばれ！」「プーッププーッ」歓声と鳴りものの音が響く中、目の前をランナーがあっという間に走り抜けていきます。毎年9月最後の週末に行われる、ベルリン・マラソンでの光景です。ランナー4万人以上が参加するほか、同日に車椅子とハンドバイク部門も開かれます。アップダウンの少ないフラットな土地のベルリンは走りやすいようで、1974年にここでマラソンが開始されて以来、世界記録が何度も更新されています。日本人トップランナーたちも出場していて、過去には高橋尚子選手や野口みずき選手らが優勝しました。高橋選手の優勝のときには、私はゴール地点で待ち構えていて、記念すべき瞬間に立ち会えた喜びを覚えています。

　でもマラソンは、トップランナーたちだけのものではありません。市民ランナーたちが思い思いに走っているのを沿道で観戦していると、自然と笑みがこぼれ、元気をもらえます。みんな、がんばれ！

30 | September

9月30日

世界遺産の団地に住む

　私は、ぶらぶら散歩をしながら民家を鑑賞するのが大好き。ドイツには数世紀にわたりさまざまなタイプの家が建てられているので、どの町にも素敵な家があります。そういう家を見つけると、室内を見たくてたまりません。もしタイミングよく家から人が出てきたら、しめたもの。声をかけると、中に入れてもらえることがあるのです。

　ベルリンには、モダニズム集合住宅群としてユネスコ世界遺産に登録されている団地が6ヵ所あります。世界遺産の団地だなんて、中が気になって仕方ないので、例のごとく声をかけました。室内はアルトバウ→26/365 と違って飾り気がなくシンプルで、通気がよく、機能的な間取り。窓枠や共有部分の階段に、建設された約100年前の趣があります。もちろん改修はされていますが、世界遺産に指定されているため、外観を変えずに行われているそうです。私には特別に思える世界遺産の住まいも、住人にとっては日常生活を送る場でした。

1 | Oktober

10月1日

ペーパーナプキンで季節感を演出

　しっかりとした、大判のペーパーナプキンをドイツではよく使います。テーブルセッティングで上下に重ねたお皿の間に敷いたり、カトラリーの下に敷いたりするのです。白やピンクなど無地のものがポピュラーですが、季節感のある絵柄入りもあります。春なら花やイースター→1/365のウサギが描かれたもの、夏は貝殻や海の絵、クリスマスシーズンならクリスマスツリーというように、季節やイベントに合わせてナプキンをコーディネートしたら素敵ですよね。日本では食器や箸置きで季節感を演出しますが、ドイツではもしかしたらペーパーナプキンがその役割を担っているのかもしれません。ナプキンはスーパーマーケットや雑貨店、茶葉販売店などで扱っていて、きれいなものを見かけると思わず買ってしまいます。焼き菓子を包んだり、工作でコラージュしたりと、食事以外にも使い道はあるのですが、私はもったいなくて使えず、ときどき眺めては楽しんでいます。

2 | Oktober

185
/
365

10月2日

水位計と洪水

　ドイツ西部のデュッセルドルフ→284/365でライン川沿いの遊歩道を歩いていると、クラシックなデザインの塔が目に入りました。最初は時計台かと思ったのですが（実際のところ時計がはまっている面もあります）、よくよく見ると文字盤上の数字が0から9までしかありません。気になって調べたところ、これは河川の水位を計るための水位計だということがわかりました。

　ドイツでは地震も津波もほぼなく、日本に比べると自然災害ははるかに少ないですが、大雨などによりライン川、エルベ川、ドナウ川などが氾濫し、洪水が発生します。特に近年は地球温暖化による影響で大雨が増えており、2021年の豪雨による洪水はドイツ国内のみでも180名以上の死者が出る痛ましい惨事となりました。クラシックな水位計はデュッセルドルフのほかにケルンやコブレンツなど各地にあり、ドイツが長年水害と向き合ってきたことを物語っています。

3 | Oktober

10月3日

ドイツ再統一の日

　1990年10月3日はドイツ再統一の日。なぜ「再」統一なのかというと、もともとひとつの国だったところが、第二次世界大戦での敗戦によって資本主義のドイツ連邦共和国（西ドイツ）と社会主義のドイツ民主共和国（東ドイツ）の2つの国に分断され、その後再び統一されたからです。この再統一は、西ドイツの基本法が再統一後のドイツの憲法になり、旧東ドイツが西ドイツの新たな州として加わるという形で実現されました。西ドイツが東ドイツを吸収合併した形です。そのような経緯もあり、統一後のドイツでは旧東ドイツの人々が自分たちを二級市民のように感じたり、旧西ドイツの人々が再統一に際して行った経済負担を不満に思ったりなど、問題は山積していました。

　それは再統一から30年以上が経つ現在でも解決したわけではありません。ことあるごとに東西の差、見えない壁は現れると感じています。それがなくなる日は、いつか来るのでしょうか。

4 | Oktober

10月4日

ケーキにフォークが刺さってくる

　テーブルに運ばれてきたケーキの側面に、フォークが突き刺さっている……カフェでときどき出くわす光景です。なんでこんなことをするのかと思ってお菓子職人の友人に聞いたところ、「ケーキを運ぶときにフォークを落とさないためだと思う」という答え。ただ単にお皿の上にフォークをのせた状態だと、いっぺんに何皿も運ぶときにフォークを落とすかもしれない。でもケーキに刺せば大丈夫、という理由のようです。また、こんなこともありました。ケーキをテイクアウトしたときに、例のごとく紙皿にのせて全体を紙でくるんでくれたのですが→122/365、店員さんが「ケーキの飾りが傷つかないようにしておきますね」と、表面に楊枝を刺して、くるんだ紙がくっつかないようにしたのです。確かにくっつきはしませんが、楊枝を刺した時点で傷ついているのでは。フォークにせよ楊枝にせよ、せっかくのケーキが食べる前に傷つくのは、私はちょっと、抵抗があるのですが……。

5 | Oktober

10月5日

車の旅

　アウトバーン→232/365 の国、ドイツでは車での旅が定着しています。たとえば、ロマンチック街道やメルヘン街道を旅しようと思っても、これらの「街道」はテーマに沿って町を地図上でつないだ観光ルートで、各都市を結ぶ鉄道は走っていません。ですから、車や自転車で行くことになります。

　車の旅は、鉄道とはまた違うよさがあります。ドイツ各地にある魅力的で小さな町にアクセスしやすく、寄り道も簡単。郷土色あふれるレストランつきの宿も、駅周辺ではなく道沿いにあることが多いです。運転をする人なら、アウトバーンを飛ばす快感を味わえますし、村から村へとつながる並木道の公道をのんびりとドライブする楽しさも車の旅ならでは。もし走行中にトラブルがあっても大丈夫。ドイツには日本のJAFに相当するロードサービス組織「ADAC（アーデーアーツェー）」があり、スタッフが現場へ駆けつけてくれます。

6 | Oktober

10月6日

ジャガイモには3タイプ

　温かい料理の付け合わせや、ドイツ版ジャガイモサラダ→299/365、ベイクドポテトなどの料理として食卓にのぼるジャガイモ。原産は南米アンデス山脈ですが、痩せた土地でも育つジャガイモはドイツでの作付けを奨励されたことで広まりました。ドイツではジャガイモを「煮崩れしないタイプ」「煮崩れしにくいタイプ」「煮崩れしやすいタイプ」の3タイプに分けており、料理によって使い分けます。スーパーマーケットでは量り売りのほかに、タイプごとに1kgの袋入りで売られていることが多いです。それだけよく食べるということですし、長期保存がきくので1kgでも問題ないのでしょう。青空市場→86/365ではジャガイモ専門店もあり、さまざまな品種が売られています。肉や魚のメインディッシュに添えられるジャガイモ料理としては、塩茹でジャガイモやマッシュポテト、ジャガイモ団子などが定番で、レストランでは好きな調理法を選べることもあります。

7 | Oktober

10月7日

花束を贈る

　ちょっとした手土産に。何かのお礼に。記念日のプレゼントに。ドイツではいろいろなシーンで気軽に花束を贈ります。自宅に花を飾る人が少なくないので、花束は喜ばれる贈りものなのです。花店で用途や予算を伝えて作ってもらうこともできますし、すでに完成した品も店頭に飾られています。誰かにプレゼントを贈ることはそれ自体がうれしいものですが、花束はお店で作ってもらうにしろ、完成品を選ぶにしろ、自分自身も楽しいもの。そんなわけで、私はチャンスがあると好んで花束を贈っています。

　ドイツの花束は、季節の花を円形にまとめて茎を短めに切りそろえたブーケが主流で、花の周りを葉で縁取るデザインも一般的です。重要なのは、花店選びです。自分用に数本買うのならどのお店でもいいのですが、プレゼントの花束ならデザインセンスが大切です。店頭の品や雰囲気を見て、センスがいいお店を選ぶようにしています。

8 | Oktober

10月8日

かつて天然冷蔵庫だった場所

　ここでクイズです。この写真は、築100年以上のベルリンのアルトバウ→26/365のキッチンです。この中でかつて冷蔵庫のような役割を果たしていた場所があります。さて、それはどこでしょう。

　答えは窓の下の木製の棚。扉を開けると貯蔵スペースになっており、昔はここにリンゴやジャガイモを入れて保存していたそうです。この部分は壁に接しており、室内に比べて低温を保てるので貯蔵に適していたそうです。現代では電気冷蔵庫がありますから、この部分は必須ではなくなりました。そのため、いまはこの場所にセントラルヒーティングが設置されている場合が多いです。しかし、物件によってはセントラルヒーティングは別の場所にあり、貯蔵棚が残っていることも。こうした暮らしの歴史の片鱗は、アルトバウのそこここに残っています。住まいを通して昔のことが身近になると、月日は連綿と続いて現在につながっているのだなぁと、しみじみ思います。

9 | Oktober

10月9日

秋の夜長の、光の祭典

　夜が徐々に長くなる10月。暗い時間が増えて落ち込みそうにもなりますが、夜だからこそ楽しめるイベントが毎年この時期ベルリンで開かれます。それは「ベルリン・フェスティバル・オブ・ライツ」。ベルリン各地の観光名所をプロジェクションマッピング（立体物に映像を投影する技術やその表現）で照らし出すこのイベントは、2005年のスタート以来反響を呼び、いまや大勢の人々が楽しむ秋のベルリンの風物詩的存在になりました。暗闇の中、世界各国のアーティストが手がけた作品によってカラフルに浮かび上がる、ブランデンブルク門やベルリン大聖堂。その美しさにうっとりしているうちに、映像は次々と変化していきます。まるで自分が作品の中に吸い込まれたかのようで、冷え込むベルリンの夜に、気づけば数十分も立ちっぱなしで見とれていたこともありました。このイベントでは毎年新作が発表されます。今度はどんな夢の世界が見られるでしょう。

10 | Oktober

10月10日

インターンシップ

「デュアル職業訓練」→ 134/365 以外にも、仕事を体験できる制度があります。「インターンシップ」制度です。デュアル職業訓練が職場と学校で並行して一定のカリキュラムを学ぶのに対して、インターンシップは職場で実務を経験することを目的としています。任意で行いますが、学校や勉強の分野によっては、一定期間のインターンシップが義務づけられている場合もあります。インターンシップを経験すると就職には有利なようで、知人の大学生は「卒業前に一度はやらなきゃ」と話していました。体験の場は、さまざまなオフィスから手工業分野まで幅広く、自分の将来の希望や興味に沿って応募します。日本人でも受け入れ先を見つければ、ドイツでインターンシップをすることが可能です。インターナショナルなメンバーの多いスタートアップ企業で仕事の進め方を体験したり、本場のパンやお菓子作りを学んだりと、得ることはたくさんあると思います。

11 | Oktober

10月11日

グラスの線

　レストランやバーで注文したビールやジュースを観察してみると、グラスに 0.5 や 0.2 などの数字と横線が入っています。この数字は……そうです、内容量を示しています。アルコールやコールドドリンクメニューには 0.2 リットルや 0.5 リットルなどの容量が必ず載っているように →83/365、グラスにも数字を入れて、容量に偽りなしと示しているわけです。飲食店で提供するドリンクには、コーヒーなどのホットドリンクや、2種類以上のアルコールをミックスしたカクテルを除き、容量の横線入りグラスを使わなければいけません。もし、注文したドリンクがこの線に明らかに達していなければ交換してもらえますが、私はこれまでその経験はありません。

　お客の立場としては、メニューに載っている量がごまかされることなく提供されてありがたいのですが、それにしてもつくづく数字が好きで、それを法律で決めるのが好きなのだなぁと感心します。

12 | Oktober

10月12日

古着でおしゃれ

　ドイツ人はファッションに機能性を求める傾向にあると思うのですが→40/365、思わず振り返ってしまうほどおしゃれな人ももちろんいます。特にベルリンやハンブルクなどの大都市では、古着をおしゃれにコーディネートしている人を見かけます。古着店やフリーマーケット→144/365など古着を買える場所が豊富で、友人もごく普通にファッションに取り入れています。いつしか私もベルリンで古着を身近に感じるようになり、何枚か購入しました。

　古着には、その服が生まれた時代特有の魅力が詰まっています。当時のシルエットやプリントは、現代の服では手に入らないもの。古着好きのおしゃれさんにとっては、服は機能性だけで選ぶものではなく、楽しみや自分のセンスを表現するものなのだと思います。大都市にそうした人が多いのは、古着に接する機会が多いのと、クリエイティブな人を含めて多様な人が住んでいるからでしょう。

13 | Oktober

10月13日

標準ドイツ語と方言

　ドイツ語にも標準語と呼ばれるものと、方言があります。学校で教えるのは標準ドイツ語ですが、方言も健在です。ドイツは国としての統一が遅かったため、市民の間では長らくその地域の方言が話されており、方言ごとの違いは大きかったようです。標準ドイツ語ができるきっかけとなったのは、宗教改革者のルターが聖書をドイツ語に翻訳し、同時代にグーテンベルクが発明した活版印刷によってドイツ語の聖書が広く行き渡ったことでした。

　ベルリンは首都ですが、ベルリンの言葉は標準ドイツ語の基礎にはなっていません。たまにベルリン方言で話しかけられると、私にはお手上げなことが多いです。一方で、ベルリン方言と知らずに習得していた単語もあります。ドイツ国内を旅すると、さまざまな響きのドイツ語が聞こえます。あるときは歌のような、あるときはリズム楽器のような、そんな方言の多様性もまたドイツ語の魅力だと思います。

郵便はがき

170-8790

333

料金受取人払郵便

豊島局承認

5629

差出有効期間
2026年10月
31日まで

● 上記期限まで切手不要です。

東京都豊島区高田3-10-11

自由国民社

愛読者カード　係 行

住所	〒□□□-□□□□	都道府県		市郡(区)
		アパート・マンション等、名称・部屋番号もお書きください。		
氏名	フリガナ	電話	市外局番　市内局番　番号（　　）	
		年齢	歳	

E-mail

どちらでお求めいただけましたか？
書店名（　　　　　　　　　　　　　　　　　　　　　　　　　　　　　　　　）
インターネット　　1．アマゾン　　2．楽天　　3．bookfan
　　　　　　　　　4．自由国民社ホームページから
　　　　　　　　　5．その他（　　　　　　　　　　　　　　　　　　　　　　）

ご記入いただいたご住所等の個人情報は、自由国民社からの各種ご案内・連絡・お知らせにのみ利用いたします。いかなる第三者に個人情報を提供することはございません。

> ドイツの
> 心ととのう
> シンプルな
> 暮らし
> 365日
>
> ロジカルでありながら
> 優しい人たちが育んできたこと

ご購読いただき、
誠にありがとうございます。
皆さまのお声を
お寄せいただけたら幸いです。

● **本書をどのようにしてお知りになりましたか。**
　□新聞広告で（紙名：　　　　　　　　　　　　　　新聞）
　□書店で実物を見て（書店名：　　　　　　　　　　　　）
　□インターネット・SNSで（サイト名等：　　　　　　　）
　□人にすすめられて
　□その他（　　　　　　　　　　　　　　　　　　　　）

● **本書のご感想をお聞かせください。**
　※お客様のコメントを新聞広告等でご紹介してもよろしいでしょうか？
　（お名前は掲載いたしません）　　□はい　□いいえ

ご協力いただき、誠にありがとうございました。
お客様の個人情報ならびにご意見・ご感想を、
許可なく編集・営業資料以外に使用することはございません。

14 | Oktober

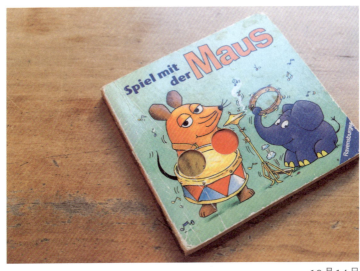

10月14日

国民的キャラクターその① マウス

　ドイツで知らない人はいないのでは、と思うほど超有名なキャラクター「マウス」。オレンジ色をした、ちょっととぼけた雰囲気のネズミです。微妙なかわいさ→101/365のキャラクターが多いドイツで、このマウスは正真正銘かわいいのではないでしょうか。1971年から放送している子ども向けのテレビ教育番組『Die Sendung mit der Maus（マウスといっしょ）』で、なぜかネズミのマウスよりも小さいゾウの「エレファント」、ゾウよりも大きいアヒルの「エンテ」と一緒に登場します。マウスたちは、ぬいぐるみや絵本などにもなっています。『マウスといっしょ』は、30分の枠の中にマウスのアニメのほか、生活の疑問や仕組みを実写で紹介する内容などいくつかのパートに分かれていて、各パートは短いので飽きません。大人が見てもなるほどと思うことも多く、ドイツを知りたい人やドイツ語を勉強したい人にもぴったりです。日本でもインターネットで見られますよ。

＊放送当初は別のタイトルでした。

15 | Oktober

10月15日

黄金の秋

　黄色。オレンジ。赤。秋になると公園の木々や街路樹→203/365 が、緑から秋の色に変わります。ベルリンの街路樹で最も多いセイヨウボダイジュは黄色に色づきます。カエデは赤く紅葉もしますが、どちらかといえば黄色が多い気がします。オークの葉も、ポプラ→41/365 も、シラカバの葉も黄色くなるので、ベルリンの秋は黄色、いえ、黄金色と表現するのがぴったりくるように思います。温かな色の葉が青空に映えて、つい足を止めて見とれてしまうこともしばしば。やがて葉が黄金の雪のように舞い散ると、美しく華やかなひとときが終わり、いよいよ長い冬がやって来ます。

　ほとんどの道路に街路樹が植わっているベルリンでは、落ち葉が毎年3万6000tにもなるそうで、ベルリン清掃局の専用車が回収しています。この光景にも秋を感じます。集められた落ち葉は、コンポストに生まれ変わるそうです。

16 | Oktober

10月16日

東フリースラント地方の紅茶の流儀

　紅茶よりもコーヒー派のほうが多いドイツ→23/365ですが、例外もあります。北西部にある東フリースラント地方です。東インド会社があったオランダに隣接していることから紅茶が広まったそうで、力強い味のするこの地方特有のブレンドティーが飲まれています。

　ここでの紅茶の飲み方には独特の流儀があります。まずティーカップの中に氷砂糖を入れてその上から紅茶を注ぎ、カチカチッと氷砂糖が溶ける音を聞きます。次に専用スプーンで、カップの縁からそっと生クリームを流し込みます。ここで重要なのは、決してかき混ぜないこと。紅茶の中にふわりと浮かぶ生クリームの雲を目で楽しみながら口に含めば、混ぜない理由がわかるはず。生クリームの滑らかさと力強い紅茶の味のあとから氷砂糖の甘さが順々にやって来て、なんとも言えないまろやかな味わいになるのです。この地方のティールームで口にした紅茶の味は、いまも私の中で時折よみがえります。

17 | Oktober

10月17日

「雑貨」がベルリンにやって来た

　食器や文具、インテリアデコレーションなど、かわいくて持っているだけでうれしくなる「雑貨」。こうした「雑貨」の概念はドイツにはなかったと思います。ドイツ語ではぴったりとした訳語が思い当たらず、個人店のかわいい雑貨屋さんも見当たりませんでした。そう、ベルリンに Mamsell（マムゼル）ができるまでは。

　2005年にオープンしたマムゼルは、カフェ、チョコレートショップ、雑貨店がひとつになったお店です。このお店がオープンしたときは、ようやく「雑貨」の感性を分かち合える場所ができたのだとうれしくなりました。手前のカフェスペースを奥に進んでいくと雑貨の部屋があり、そこには食器やカード類などがぎっしりと置かれています。ここでかわいいカードを買って、カフェでコーヒーを飲みながら誰かにメッセージを書くのは、とても贅沢なひととき。オーナーの女性2人に「マムゼルを開いてくれてありがとう」と言いたくなります。

18 | Oktober

10月18日

ストリートアート

　建物の外壁など、公共の空間に絵を描くストリートアートと、スプレーで文字を描くグラフィティ。どちらもベルリンの至るところに存在しており、合法的な作品もあれば非合法的に描かれたものもあります。治安が悪そうと感じる人もいるかもしれませんが、私はとても好き。特に、誰もが見られて、何かのメッセージを受け取ることができるストリートアートは、ベルリンの魅力を形づくっているひとつだと思います。作品はスプレーでペイントするほか、ステンシル（型紙）を使ったり、ステッカーを貼ったりする手法もあります。

　ベルリンで最も有名なストリートアートは、本物のベルリンの壁→223/365 に100名以上のアーティストがペイントした「イーストサイドギャラリー」でしょう。そのほか、世界的に有名なアーティストによる作品も多数あります。アパートの外壁一面にも大作が広がり、見る者に問いかけやインスピレーションを与えてくれます。

19 | Oktober

10月19日

移りゆく広告塔

　塔好きの私としては、給水塔→306/365 以外にも気になる塔が町なかにあります。それは広告塔。文字通り、広告ポスターを貼るための塔で、ヨーロッパらしい町並みを感じさせるもののひとつだと思います。円柱のデザインに趣があって、戦前の町にいるような気になるのです。じつはこの塔はベルリン生まれ。リトファスさんという人が1854年に広告塔の建設許可をベルリンで得たのが始まりでした。

　ところが、こんなに素敵な広告塔が、ベルリンで大量に引き抜かれてしまいました。広告塔の権利を持っていた広告代理店が変わったことで、古い時代のものがなくなってしまったのです。わずかに24本だけが文化財として残されましたが、そのほかは新しいタイプばかり。広告塔の目的は広告を表示することですから、古い必要はありませんが、歴史的な塔は都市の魅力作りに大いに貢献していました。町角に立つ新しいデザインに、ちょっと寂しさを覚えます。

20 | Oktober

10月20日

秋の夜長に響く音は

　秋の夜道をひとりで歩いていたときのこと。カツーン、カツーンと、どこからともなく音が聞こえてきます。みんなぺたんこ靴しか履かないのにハイヒールの靴音？「珍しいな」と思いながら歩き続けていました。ところが、靴音にしては四方から響いてくるようです。
「靴音でないなら……なに？」
　急に怖くなり、立ち止まって辺りを見回すものの、人影はありません。その間もカツーン、カツーンと音は続いています。嫌だ、怖いと走り出そうとしたそのとき、ふいに思い当たって地面に目をやると、そこには街灯に照らされたドングリがたくさん落ちていました。謎の物音は、街路樹のドングリが道に落ちた音だったのです。ベルリンの多くの道には街路樹が植わっています。ベルリン市の統計によればセイヨウボダイジュとカエデに次いで多いのが、ドングリが実るオーク。ブナ科コナラ属の落葉広葉樹で、ドイツの国樹になっています。

21 | Oktober

10月21日

移民がもたらす食文化

　ドイツ人は食に対して保守的で、見たこともないものに手を出そうとしない傾向があると思います。しかし、ベルリンでは世界各国の料理がずいぶんと身近になっています。ある飲食店オーナーが「ベルリンには新しいものを受け入れる土壌がある」と話していましたが、私もそれに同意しますし、なおかつ移民 → 330/365 が多いというのも大きな理由でしょう。イタリア料理、インド料理、中華料理あたりは以前からおなじみでしたが、ベトナム料理、アフリカ料理なども登場しはじめ、2010年代後半からは韓国料理店やアジア系フュージョンレストランが急増しているように思います。日本料理レストランも以前は寿司や天ぷらといった典型的なものが主流でしたが、いまはラーメン → 296/365 や日本のパン、さらにはかき氷と、非常に細分化しています。移民あるいは難民が母国料理のレストランを出すことで、食を通して異国の文化がドイツで広まっています。

22 | Oktober

10月22日

ハイデの花

　だんだんと色が失われていく秋に、彩りを添えてくれるのがハイデ（またはハイデクラウト）の花。英語でヒースと呼ばれている花で、紫色を帯びたピンク色、赤紫、白などさまざまな色があります。ハイデには、正確にはエリカ属とカルーナ属という別々の種類がありますが、どちらも小さな花をたくさんつける、可憐な姿をしています。

　自生するハイデの花を見るのなら、ドイツ北部の「リューネブルガーハイデ」が有名です。ハイデが辺り一面に生えている荒野で、自然保護地区となっているため自家用車でのアクセスはできず、馬車や専用バスで向かいます。開花時期は8月末から9月ですが、近年は気候変動で早まっている様子です。

　私にとってハイデのイメージは、9月ごろから花店で鉢植えの状態で売られているもの。民家のバルコニーのプランターにハイデが植わっているのを見ると、秋になったなぁと感じます。

23 | Oktober

10月23日

公園に卓球台

　日本では、卓球台は体育館や温泉旅館にあるものだと思っていました。ところがドイツでは、かなりの確率で公園に卓球台があるのです。コンクリートや石でできた強固な台で、ネットも金属製。地面にしっかりと固定されています。ラケットとボールを持参すれば誰でもプレイができ、おしゃべりをしながら球を打ち合っている光景を実際によく見かけます。ドイツで卓球がこんなに身近なスポーツだとは知りませんでした。特にコロナ禍では、屋外でソーシャルディスタンスが取れて体を動かせるということで、改めて人気が出たようです。

　公園で行う卓球は、ストリート卓球として近年ブームにもなっているという新聞の記事も見ました。地元のストリート卓球ファンとつながるサイトがあり、そこへ登録すれば誰かとプレイをしたり、仲間内の大会を見に行ったりすることができるのだそうです。公園に卓球台があると、こんなに暮らしが楽しくなるのだなと思います。

24 | Oktober

10月24日

ベルリンテレビ塔

　ベルリンのランドマークとなっているテレビ塔。ドイツが東西2つの国だった→186/365時代はベルリンも東西に分かれていましたが→223/365、テレビ塔は東ドイツの首都・東ベルリンに1969年に完成しました。当時のベルリンは東西の対抗意識が激しく、このテレビ塔は東ドイツの国力をアピールするという目的もあり、国の威信をかけた建造物でした。塔の球形部分は展望台と回転レストランになっていて、ベルリンの人気観光スポットです。私も高さ203mの展望台にのぼりましたが、体感として把握していたベルリン各所の位置関係や町並みをこの目で確かめられたのは、とてもおもしろい経験でした。地上のエントランスロビーは、レトロかつ社会主義を感じさせるデザインで、こちらも必見です。

　旅行や出張からの帰宅時に電車からテレビ塔が見えてくると「あぁ、帰ってきた」とほっとします。私にとってテレビ塔はホームです。

25 | Oktober

10月25日

容器入りドリンクの代金は保証金込み

　ペットボトルとガラス瓶、缶入り飲料の多くにはリサイクル、リユースのために回収率を上げる目的で保証金がついており、買う際にはその額も含めて支払います。保証金の金額は容器の材質によってランクがあり、最も高いのは1回しか使用できないペットボトルと缶飲料。洗浄して繰り返し使えるリターナブル瓶は使い捨ての瓶よりも保証金が安く、いちばん安いのはリターナブルのビール瓶です。

　保証金を払った容器は、小売店やスーパーマーケットに返却すればその分の料金が戻ってきます。スーパーの入り口脇には返却用の機械があり、その中に容器を入れると機械がその種類を判別して返却される金額が印刷されたレシートが出るので、レジで渡せば返金されます。回収された瓶や缶は資源として再利用されたり、リターナブル瓶なら洗って再度使われたりします。持続可能な社会のために、保証金が必要な商品は今後も広がる見込みです。

26 | Oktober

10月26日

ドイツに事故物件はない？

　オフィスは元火葬場と聞いたら驚きますよね。もちろん火葬場で働いている人はいらっしゃいますが、そうではなく、かつての火葬場がリノベーションされてオフィスになっている場所がベルリンにあるのです。おそらく日本では考えられないのではないでしょうか。

　そういえばドイツで事故物件という概念を、私は聞いたことがありません。気にする人もいるでしょうが、あまり一般的ではないと思います。このテーマについて質問したところ、「だって、築100年以上の家はその間に戦争もあったのだから、気にしたところで意味がない」「きれいにリノベーションすれば問題ない」という答えが返ってきました。怪談もあまりないと思います。幽霊にまつわる話はあっても伝説のような位置づけで、日本で聞くように身近な場所でそれらしきものを見たという内容ではありません。これにはもしかしたら死生観や自然への畏怖などの違いが表れているのかもしれません。

27 | Oktober

10月27日

冬時間が始まる不思議な1時間

　毎年10月最終日曜日は夏時間から冬時間へと切り替わる日。その日の午前3時になったら1時間戻って再び午前2時が始まります。自動的に時刻調整する時計や、スマホの時刻表示は何もする必要はありませんが、そうでない時計なら目覚めたら1時間分針を戻します。

　20年近く前に、たまたま冬時間切り替えのタイミングで駅にいた私は（なぜそんな深夜に駅にいたのかは忘れましたが）、ホームの時計をじっと見守っていました。すると、切り替え時間になった途端に針がピタッと止まったのです。そのまま1時間、時計の針は動かないまま。そして1時間後に再び動き出したのでした。まるで本来この世界には存在しないように感じられた不思議な1時間でした。

　冬時間になると日没の時刻が1時間早まるために、一気に暗くなったと感じます。これから始まる暗くて憂鬱な日々をどうやって乗り切るか、毎年のことながら頭を悩ませていたものでした。

28 | Oktober

10月28日

もっと光を！

　どうやら冬が来るたびに気分が落ち込むらしい→292/365 ことに気づいてから、なんとか予防する手だてはないものかと調べていてその存在を知った、光療法ライト。一定以上の明るさの光を放つ専用ライトで、特に朝に使うことで気分の落ち込み解消に効果があるといわれており、市販の品がたくさん売られています。大きさや値段もいろいろで、目覚まし機能などがついたものもあります。試しにひとつ買って、暗い季節の間に使ってみることにしました。

　購入したのは額縁のようなフラットなライトで、スイッチをつけると、白く明るい光がパーッと広がります。光をずっと見続ける必要はないとの説明を読み、毎朝数十分から1時間ほど白い光の広がる部屋で過ごしました。結局のところ効果があったのかどうか、はっきりとはわかりませんでしたが、「ライトがあるから冬を乗り切れる」という暗示は自分にかけられたかもしれません。

29 | Oktober

10月29日

ジンジャーティー

　カフェのメニューによくある、ジンジャーティー。日本だと紅茶にショウガを合わせることが多いように思いますが、ドイツで出てくるのはショウガのスライスに熱湯をかけただけの、いたってシンプルなもの。たいていハチミツが添えられるので、ピリッとしたショウガの刺激を和らげたいときに好みで加えます。私は特別においしいと感じたことはないのですが、寒い日やカフェインを摂りたくないときなどに注文しています。

　ショウガはドイツのスーパーでも普通に売っているので、家でも簡単に作れます。また、ティーバッグもポピュラーで、レモンやオレンジ、スパイスなどとブレンドした商品も豊富です。

　ショウガは血液の循環をよくして、胃腸の働きを助けるなどの効能があるといわれているため、風邪のひき始めに飲む人も。ハーブティー→58/365 同様、薬代わりにも愛飲されています。

30 | Oktober

10月30日

朝7時から始まる工事

　ベルリンでは、いつもどこかで何かしらの工事をしています。もともと東西に分断されていたベルリンが、ドイツ再統一→186/365によって再びひとつになったことで、特に旧東ベルリン側で建物改修や新築工事が絶えませんでした。現在も再開発されているエリアがあるほか、古い建物が多いために改修工事がそこここで行われており、大きなクレーンが林立しているのは日常の光景です。

　工事が離れた場所で行われている分にはまったく問題ないのですが、自宅の前となれば話は違ってきます。ある朝「ドドドド……」という騒音に飛び起き、何事かと窓の外を見ると、自宅前の道路が掘り起こされているところでした。時計を見ると朝7時。夜ふかしの私にとっては早朝もいいところなのですが、騒音禁止の時間帯→148/365は過ぎているので仕方ありません。早寝早起きの生活にシフトせねばと思いつつ、再びベッドに潜り込んだのでした。

31 | Oktober

10月31日

ズューセス・オーダー・ザウレス!

「Süßes oder Saures!(ズューセス・オーダー・ザウレス!=トリック・オア・トリート!)」

アパートの玄関ドアを開けると、そこには小さな男の子と女の子が立っていました。2人ともマントのようなものに身を包んでいます。

「ズューセス・オーダー・ザウレス!」

こちらが一瞬あっけにとられていると、子どもたちが再び叫びました。あぁ、そうでした、今日はハロウィン。まさか本当に来るなんて! 大慌てで、たまたま買っておいたチョコレートをキッチンから持って来て渡しました。ドイツではハロウィンは比較的新しい行事で、あまり浸透していないと思います。しかも子どもたちがやって来たのは、2003年ごろ。当時はいまよりももっとマイナーだったはずです。そのとき以来私は毎年チョコレートを買ってハロウィンに備えているのですが、あれから子どもたちがやって来たことはありません。

1 | November

11月1日

万聖節と万霊節

　毎年11月1日は万聖節または諸聖人の日と呼ばれる、キリスト教における聖人たちの記念日です。ドイツ語ではAllerheiligen（アラーハイリゲン）といいます。カトリック教徒が多いバイエルン州やバーデン・ヴュルテンベルク州など、ドイツ南部・西部の5州は祝日で、静かに過ごす日とされているため、音楽イベントやダンスのようなにぎやかなことは禁じられています。

　翌2日は万霊節、ドイツ語でAllerseelen（アラーゼーレン）と呼ばれる日。こちらは平日ですが、お墓参りをする日です。日本のお盆と似ていますが、夏の盛りのお盆と違って、11月のドイツは霧が立ち込め雨が降る季節。死者に思いを馳せるにはちょうどいい気候かもしれません。花店にはお墓に供える花のアレンジメントが並びます。モミの枝や松かさ、キクなど長持ちする花材が使われていて、一見クリスマスデコレーションのようですが、お墓用です。

2 | November

11月2日

燻製の魚

　北部しか海に面していないドイツでは、魚料理は少数。たまに魚が食べたいなと思っても、鮮魚店が少ないドイツでは新鮮な魚を手に入れるのがちょっと面倒です。スーパーマーケットにはごくごく限られた切り身の魚しか売られていません。手軽にほしいとなれば、買うのは冷凍食品か缶詰かパック入りの燻製の品。そんなわけで、ドイツで燻製の魚をよく食べるようになりましたが、これがおいしいんです！よくある商品はサケ、サバ、マスなどで、たいていどのスーパーでも売っています。ドイツではサンドイッチにして食べたりしますが、私がよくやるのは即席混ぜご飯。身をほぐして炊きたての白米に混ぜるだけで、意外にも燻製の風味が白米に合っておいしいのです。軽く塩でもんだ薄切りのダイコンと燻製の魚を和えて、ちょっと醤油をたらしてもまた美味。ドイツの海辺→346/365や湖畔では、燻製器に魚をたくさんつるしている光景が見られます。

3 | November

11月3日

歴史を語る壁

　知人と住宅街を歩いていて「これは戦争の砲弾の跡」と言われたことがあります。指を差したその外壁はでこぼこしており、丸い窪みがいくつもありました。でも、言われなければ、単に古い壁なのだろうとしか思わなかったことでしょう。

　またあるときは、アパートの外壁に直接文字が書かれているのを見かけました。「Mol…ke…rei、モルケライ！」かすれ気味ではありますが、酪農場や乳製品店を意味する言葉がはっきりと読み取れました。いまは瀟洒なアパートですが、かつてこの場所で乳製品を扱っていたのでしょう。

　築100年を超えるアルトバウ→26/365は、外壁を塗装し直して手入れをしています。しかし、文化財になるなどして、昔の状態が保たれていることもあります。今度はどんな壁がどういう歴史を語ってくれるのか、町を歩きながらいつも探しています。

4 | November

11月4日

住まいのライティング

　ドイツと日本のインテリアで違う部分はたくさんありますが、中でも大きな違いはどこかと聞かれたら、私は照明ではないかと思います。日本の住居は天井のライトひとつで部屋全体を照らしがちですが、ドイツでは部屋に複数の照明器具を置くのが好き。電球も白い光ではなく、温かみのある色を選びます。

　たとえば部屋のコーナーごとに照明を置いてみると、室内に柔らかな明暗が生まれて、空間に奥行きが感じられるようになります。強い光は、明るさが必要なデスク周りだけでいいのです。

　間接照明もポイントです。光の角度を調節できる照明器具があれば、試しに光を壁に当ててみてください。本棚にクリップライトをつけて壁を照らせば、手軽にできます。たったそれだけで、ガラッと雰囲気が変わるはず。部屋の広さや造りは自分ではどうにもなりませんが、照明の種類と使い方で印象は大きく変わります。

5 | November

11月5日

意見を言うのが大事

　ドイツに住み始めて間もないころ、「ただの世間話なのに、どうしてすぐに議論めいてしまうんだろう」と思っていました。たとえば「○○っていいよね」などのたわいない内容に対して、日本なら「へぇ、そうなんだ〜」で終わることでしょう。ところがドイツではそこで終わらず「自分はこう思う、なぜなら……」というように、意見が返ってくるのです。それを面倒に感じたこともありましたが、小学生のうちから授業中に積極的に発言する姿勢が評価され、発言しないと成績に響くという話を聞いて合点がいきました。

　人は一人ひとり違います。特にヨーロッパの大都市のようにバックボーンが異なる人々が集まっている社会では、以心伝心は不可能ですし、相手にそれを期待するのは違うと思うようになりました。お互いを理解し合い、他者と共存するためには、自分の意見をきちんと言葉にして、相手に伝えることからしか始まらないのかもしれません。

6 | November

11月6日

手紙はホルンとともに

　パキッとした黄色の地に黒いホルンのマークを見かけたら、それはドイツの郵便会社「ドイチェポスト」の印。郵便局の看板や路上の郵便ポスト、ドイチェポストオリジナル封筒のパッケージなどに描かれています。なぜホルンなのかというと、郵便馬車で手紙を届けていた時代、馬車の到着や出発の際にホルンを吹いて知らせたからだそうです。当時、手紙を心待ちにしていた人々は、その音色を聞いてきっと心が躍ったことでしょうね。郵便のロゴにホルンが用いられているのは、ドイツ以外のヨーロッパの国々でも見受けるので、広い地域で郵便馬車とホルンが活躍していたことがうかがえます。

　現代では、馬車の代わりに自転車や車が使われていますが、もちろんそこにも黄色に黒のホルンマークが入っています。以前、郵便局から黄色い自転車に乗った郵便配達員が一斉に飛び出していくシーンに遭遇したときは、「よろしくね」と心の中で声をかけました。

7 | November

11月7日

動物福祉と食品

　スーパーでお肉やハムを買おうとすると、パッケージに何やら数字が書かれたマークがついていることに気づきます。これは「畜産における福祉推進協会*」が2019年4月から始めた飼育環境マークで、製品となった動物が飼育された環境を4段階で示しています。1は最低限の飼育環境、2は畜舎のスペースが法定よりも広いなど1よりもよい環境、3は2よりも広いスペースがあり新鮮な空気に触れられる環境、4は最も広いスペースで放牧などの環境もあるもので、4が最良の環境です。ドイツ連邦食糧・農業省の調査では、肉や食肉加工品を選ぶ際に味や値段だけでなく動物の飼育環境も重視する人が増えているとのことで、このマークは買いものをする際の目安となります。さらに国は、今後は国による飼育マークを作り、まずは豚肉、その後はほかの肉にも順次表示を義務づけることを決めました。これからは、この新たなマークを目にすることになりそうです。

*Initiative Tierwohl

8 | November

11月8日

南国への憧れ

　ベルリンは北緯52度に位置しています。ドイツ南部のミュンヘンでも北緯48度。「日本最北端の地の碑」がある宗谷岬が北緯45度ですから、ドイツ全体がどれだけ北に位置しているかわかると思います。冬は暗く、長いので、陽光降り注ぐ南国への憧れは、文豪ゲーテの時代から変わりません。ゲーテはイタリアを旅しましたが、現代ドイツ人の人気外国旅行先ナンバーワンは、統計「ドイツ・ツーリズム分析2024」によるとスペイン。以下、2位イタリア、3位スカンジナビア、4位トルコ、5位オーストリアと続きます。スペインには大人気のマヨルカ島やカナリア諸島も含まれています。私は勝手に、ドイツ人にとってのマヨルカ島は、日本人にとってのハワイだと思っています。

　みんながこぞって南国に行く気持ちは、よくわかります。9月にドイツに住み始めた私が、冬の暗さに耐えきれず、12月にはカナリア諸島へ飛び立ちましたから……。

9 | November

223 / 365

11月9日

ベルリンの壁

　1961年8月13日から1989年11月9日まで存在したベルリンの壁。ドイツが東西に分断後→186/365、ベルリン全体は東ドイツ国内に位置しており、ベルリン内も東西2つに分かれていました。つまり西ベルリンは、その周囲を東側に囲まれていたのです。壁は西ベルリンをぐるりと囲む形で、東ドイツによって造られました。それまでは、自由があり経済成長を続ける西ベルリン側に逃亡する東側住民が後を絶たず、東ドイツは壁を造ることで自国民が西側へ脱出するのを食い止めたかったのです。最初は鉄条網の柵でしたが、すぐにコンクリートの壁ができ、やがて壁周辺の東側の建物が壊され、壁は二重になり、2枚の壁の間は監視塔や鉄条網などがあって、越えるのはまず不可能でした。しかし、ソ連のゴルバチョフの改革と東ドイツで自由化を求める運動が大きくなり、人々を隔てていた壁は崩壊したのです。ベルリンにはいまも数ヵ所に壁の一部が残されています。

10 | November

11月10日

警告する記念碑

　ドイツに暮らす前は、歴史についてそれほど興味はありませんでした。どこか教科書上の出来事で、自分とリンクする実感がなかったのです。ところがベルリンに来たら、あらゆる場面で過去とのつながりを実感せずにはいられませんでした。多くの建物が1世紀以上経っていますから、歴史をたどっていくと頻繁に「ここでナチスによる迫害が行われました」というような、暗い過去に突き当たります。そうした負の歴史を忘れず、同じ過ちを繰り返さないように警告する記念碑が、町のあちこちに立っています。彫刻だったり、壁に貼られたパネルや、道路に埋め込まれた真鍮のプレート→362/365だったりと形状はさまざまですが、見かけるたびにハッとさせられます。

　どこに住んでいても、いまの自分は過去から続く存在だと思うようになりました。過去を変えることはできませんが、いまをどう生きるのかが大切だと思っています。

11 | November

11月11日

伝統的なドイツ料理は茶色い？

 「ドイツ料理って、茶色いよね」ドイツに住んでいる日本人の友人の言葉です。牛肉巻きのリンダールーラーデン、牛肉や豚肉を叩いて薄くして揚げたヨーロッパ版カツレツのシュニッツェル、酢に漬けた牛肉を煮込んだザウアーブラーテン、骨つきの豚スネ肉をグリルしたシュヴァイネハクセに、煮込んだアイスバイン。確かにちょっと思い浮かべるだけでも、ドイツの伝統料理は調理したお肉をドーンと盛りつけたものが多く、お皿のほとんどの部分が茶色であることは否めません。メインに添えられる付け合わせもジャガイモなどで、これまた茶色っぽいものです。こうした伝統料理は調理に時間がかかりますし、いまは軽くてヘルシーな料理を好む傾向にあるので、家庭で作る人は少ないと思います。でも伝統的なドイツ料理レストランはどこにでもあるので、やはり人気はあるのでしょう。そのほか、見た目も洗練されていて軽やかな、モダンなドイツ料理も登場しています。

12 | November

11月12日

築100年の住宅にソーラーパネル

　ベルリンのアルトバウ→26/365 の家主が、屋上にソーラーパネルを取りつけたと聞き、見に行きました。はしごをのぼって屋根の上に出ると、そこには黒いソーラーパネルが何列も置かれていました。建物自体は築100年以上にもなるのに、屋上部分は超モダンです。この住宅の場合、設置に当たっては日本の消費税に似た付加価値税が免除になったそうですが、補助金に関しては設置状況や時期、州によってケース・バイ・ケースです。この住宅ほど多くの面積にソーラーパネルを設置せずに、もっと小規模に取り入れられる「バルコニー発電」も人気だそうです。ドイツでは太陽光や風力などの再生可能エネルギー→352/365 の割合を高めることを目標にしているので、こうした事例は今後増えていくのだと思います。

　この集合住宅は6階建てで、屋上にソーラーパネルが並んでいても歩行者からは見えません。建物鑑賞が趣味の私にはうれしい点です。

13 | November

11月13日

庭の小人

　一軒家の庭やクラインガルテン→64/365で、なかなかの高確率で見かける小人の置物。しかも、いくつも置かれていたりします。なぜ小人が庭に？ 素朴な疑問を解決すべく、調べてみました。

　この小人はファンタジーに登場する妖精といえる存在で、あごひげを生やし、赤いとんがり帽子をかぶった人間の姿をしています。ヨーロッパでは昔から物語の中で知られていました。現在見かける庭の小人の置物は、19世紀（18世紀半ばという説もあります）にテューリンゲン州のテラコッタ職人が作ったものが最初といわれていて、これが人気を呼び広まったのだそうです。小人の置物に対するイメージは「かわいい」というポジティブなものと、「悪趣味」「小市民的」などネガティブな意見に分かれ、揶揄されることも多い気がします。しかし、価値観が一周回って「ダサかわいい」と敢えて置かれていることもあり、庭の小人はこれからも出番が続きそうです。

14 | November

11月14日

フェミニンな服よりも

　ドイツでは、スカートをはいている女性をほとんど見かけません。フリルやリボンが使われているようなフェミニンなデザインも少なめです。グローバルに展開をしているファストファッションブランドはドイツでも人気なので、これは世界的な傾向なのかもしれませんが、ドイツのデザイナーズブランドでも、柔らかで繊細な印象の服は少ないように思います。まったく見かけないのは、ゆるふわ的ファッションです。オーバーサイズで柔らかな色合いの服をダボッと着るのが素敵だという感覚は、たぶんほとんどないでしょう。

　ドイツの女性は、女性らしい服よりは、シンプルでどちらかというとユニセックスなデザインを好む傾向にあります。また、女性らしさを表したいときは、かわいい服よりもセクシーなものを選びます。そこには、強い女性でありたい、女性として媚びるようなことはしたくない、という心理が働いているのかもしれないと想像しています。

15 | November

11月15日

自動販売機事情

　自動販売機で買えるのはお菓子や飲みもの、タバコ、切符、切手などですが、タバコを除き、自販機は路上にはまずありません。飲みものやお菓子の自販機は駅構内や空港などに、切符は駅や停留所、郵便局の前には切手用など、それぞれ限られた場所にだけ置かれています。

　ドイツで自販機を見た最初の感想は「ゴツい」でした。防犯のためでしょうが、お菓子の自販機には前面に格子が貼られていて、まるでお菓子が監獄に入れられているよう。車の製造が得意な工業国ドイツだからなんでも重厚長大なのかと思いましたが、ほかのヨーロッパの国でも似たような状況なので、スリムな日本の自販機のほうが珍しいのでしょう。日本では壊される心配が少ないから、スリム化できるのかもしれません。ちなみにお菓子の自販機は、お金を投入するとお菓子が下に落ちるのですが、たまに途中で引っかかって結局入手できないことがあるので、私はお菓子を自販機では買いません。

16 | November

11月16日

旧市街と新市街

　ヨーロッパを旅行すると「旧市街」という言葉をよく耳にします。これは中世ぐらいから存続する都市の中心部のことで、旧市街には広場や教会、市庁舎など当時の都市機能にとって重要な歴史的建築が集中しています。そして町を守るために、町の周囲をぐるりと壁で囲んでいました。時の経過とともに人口が増えたので、壁の外にも新しい町が広がりました。これが新市街です。

　町を囲んでいた壁は、町が拡大する過程で取り壊されることもありましたが、現存している町もたくさんあります。マンガ『進撃の巨人』のモデルではないかと話題になったドイツ南部のネルトリンゲンは、円形の壁が町を囲んでいることで有名です。写真は私が大好きな、ドイツ北部のノイブランデンブルク。真ん中の塔は壁の内側と外側をつなぐ入り口で、外側は高層の集合住宅が立ち並んでいます。旧市街と新市街のコントラストが際立っています。

17 | November

11月17日

自転車盗難対策

　自転車専用レーン→2/365などが充実しているドイツでは、自転車は便利な乗りものです。ただし、盗難には十分に気をつけなくてはなりません。鍵をかけていても盗まれてしまうことがあるのです。では自転車の所有者は、どんな盗難対策をしているのでしょうか。

- 頑丈な鍵を2ヵ所以上かける

できれば種類の異なる鍵で2ヵ所以上に施錠。チェーン状の鍵は車輪とフレームに通し、さらに街灯など動かないものに固定。そうしないと、鍵をかけた自転車ごと持っていかれてしまいます。

- 外出時は目の届く場所に駐輪する
- 自宅では、できれば室内で保管
- 高級自転車・新しい自転車に乗らない
- 自転車盗難保険に加入

　自転車自体は便利なのですが、駐輪や保管には神経を使います。

18 | November

11月18日

アウトバーン

　車好きの方なら、ドイツと聞いて思い浮かぶのは Autobahn（アウトバーン）かもしれません。自動車専用道路を意味するこの言葉は、日本でもおなじみだと思います。1932年にドイツで誕生して以来、現在全長1万3000kmを超えるアウトバーンが全国に張り巡らされており、一般車なら無料（3.5t以上のトラックは有料）。車に乗る人にとって、アウトバーンのない国内移動など考えられません。私もよく同乗者としてアウトバーンを走りましたが、時速200km近くを出して走る車の助手席にいたときには、生きた心地がしませんでした。

　でも、じつはアウトバーンならどこでも速度無制限で飛ばせるわけではありません。速度制限が設けられている区間や、工事などの理由で速度制限があることもあります。環境面からも猛スピードでの走行は控えるよう言われていますが、アウトバーン上では光のような速さで走り去っていく車が後を絶ちません。

19 | November

11月19日

やさしい温かさの湯たんぽ

　冬が近づいてくると、急速に室内が冷え込みます。暖房をつけても足元は冷えるので、ブランケットが手放せなくなります。布団の中も冷たくて、なかなか眠れないことも。

　そんなときに重宝するのが、湯たんぽです。本体はゴム製や塩化ビニル樹脂製で柔らかく、フリースなどでできたカバーを上からかぶせて使います。温かいお湯（熱湯はだめです）を湯たんぽの中に注いで栓をしたら、布団の中へ。就寝の数時間前に入れておけば、布団に入るころには中がポカポカと温まっているので、気持ちよく眠れます。そのほか、私はデスクワークで下半身が冷えるときにも、ブランケットに包んで膝にのせたりしています。

　電気を使わないからエコですし、何よりやさしい温かさで気持ちがいい。「あ、冷えるな」と感じたらすぐに体を温められるので、冬には欠かせないアイテムです。

20 | November

11月20日

計画通りに行かないことだらけ

　「家に帰るまでが遠足だ」と、小学生のときに学校の先生から言われた記憶があります。帰宅するまで気を抜くなという意味なのでしょうが、いつしかそんな言葉はすっかり忘れていました。まさかドイツ暮らしの中で何度も自分に言い聞かせるようになるとは、思いもしませんでした。

　とにかく、計画通りに行かないことだらけなのです。長距離列車の遅延は日常茶飯事。いきなり列車がキャンセルされた、列車は到着したけれども座席指定した号車がなくなっていたなど、これまでに体験したトラブルを挙げたら数え切れません。列車だけでなく、営業時間内なのに店が閉まっていた、担当者によって言うことが違って振り回された、なんていうことが何度もあります。そういうわけで、私はドイツに住んで常に代替案を考えるようになりましたし、細かいプランを立てても意味がないので大雑把になった気もします。

21 | November

11月21日

自宅で焼き上げるパン

　コロナ禍では、生活様式が大きく変わりました。そのひとつが、買いものの回数を減らしたことです。そうした状況下で、これまで存在は知っていたものの、買うことのなかったパンを試してみました。できあがりの一歩手前でパッケージされた、常温保存可能な半焼成のパンで、食べる前に自宅のオーブンで10分ほど焼き上げます。バゲットやチャバッタ、米粉パンなどいろいろな種類があります。

　予熱したオーブンにパッケージから取り出したパンを並べて、焼き色を見つつ時間になったら取り出して。バターを塗って食べてみたら……思っていたよりいいじゃないですか。お店で焼きたてのパンはおいしいものですが、半製品も全然悪くありません。コロナ禍前まではわざわざ半製品のパンを選ぶ必要はなかったのですが、アツアツの状態をいつでも手軽に味わうにはもってこい。ドイツでは大きな自然災害は少ないですが、非常時用にストックしておいてもよさそうです。

22 | November

11月22日

カイザー・ヴィルヘルム記念教会

　Zoologischer Garten（ツォーロギッシャー・ガルテン＝動物園）駅周辺は、ベルリンの西側の繁華街。ショッピングセンターやホテルがひしめき、旅行者たちでいつもにぎわっています。その一角に華やかさとは対照的に、壊れたままの塔を持つ廃墟のような教会が立っています。そこだけ異質な光景は、見る者の心に訴えかけてきます。

　この教会は、1895年に完成したカイザー・ヴィルヘルム記念教会です。第二次世界大戦中の1943年に爆撃を受け、教会は痛ましい姿になりました。通常なら取り壊して新たなものを建てるのでしょうが、この教会は戦争という過ちを二度と繰り返さないように保存され、内部見学できるようになったのです。そして、その隣に新しい教会と鐘楼が建てられました。

　壊れた塔を見ると、こんなことはもう起きてほしくないと心から思います。しかし、世界ではいまもなお争いが続いています。

23 | November

11月23日

食洗機の所有率

　食器洗い、皆さんどうしていますか。手で洗っていますか？ それとも食器洗い乾燥機？ ドイツ連邦統計局によると、ドイツの一般家庭における食洗機の所有率は2021年で73.1%、2022年で74.6%にのぼります。電子レンジは2021年で73.8%で、同年の時点では食洗機の所有率をやや上回ります。ただし、電子レンジの所有率は毎年ほぼ横ばいですが、食洗機は微増し続けているので、やがて電子レンジを超えるかもしれません。ドイツでは各家庭にオーブンがあるのが普通なので、電子レンジの必要性は低いとも考えられます。

　食洗機愛用者は「高温で洗うから食器がピカピカになるし、何よりラク」と言いますし、水の使用量も手洗いに比べて少ないとされています。私はベルリンでひとり暮らしをしていたのでいつもササッと手洗いをしていたのですが、環境や時間、労力を総合的に考えたら食洗機を導入するべきなのかもしれませんね。

24 | November

11月24日

元カレ・元カノとのつながりは永遠？

　友人宅を訪ねたときに彫刻作品があったので「素敵」と言ったところ「それ、私の彼の元カノの作品なの」という返事が返ってきました。友人とその彼は一緒に暮らしています。そこに、彼の元カノの作品が存在しているのです。また、ドイツ人男性と交際している日本人女性は、彼の古い友だち付き合いの中に元カノも入っていることにモヤモヤしているようでした。

　こうしたエピソードは、わりとよく聞きます。共通しているのは、元カレ・元カノと別れたあとも付き合いが続くことを、悪いと思っていない点です。恋愛感情はなくなったけれども、友人としての付き合いは今後も続く、続けたいと考えているのです。日本人にはなかなか受け入れがたい考え方かもしれませんが、ドイツでは珍しくはありません。いつかは慣れると考えるか、相手とじっくり話し合うか。もしかしたら、そのうち相手の考えを理解できるかもしれません。

25 | November

11月25日

クリスマスマーケットが始まる

　11月の終わりになると、クリスマスマーケットがオープンします。それまで普通の広場だった場所は、その日からクリスマスの売店が立ち並び、イルミネーションがきらめく別世界に。冬の暗さで沈んでいた心も、一気に明るくなります。クリスマスマーケットがなかったらドイツの冬を乗り切れないのではないかと思うほど、その輝きには魔法の力があると感じます。会場に並ぶのは、クリスマスの装飾品やプレゼントによさそうなもの、フードやドリンクを売る売店。ステージイベントなども開かれます。クリスマスはイエス・キリストの誕生を祝う行事ですから、敷地内には「クリッペ」と呼ばれる、キリストが家畜小屋で生まれたシーンを表現したコーナーもあります。

　クリスマスマーケットは本来クリスマスに備えるためのものなので、12月24日にはたいてい終わってしまいます。そして25日のクリスマス→269/365を迎えると、町はひっそりと静まり返ります。

26 | November

11月26日

クリスマスクッキー焼き始め

　12月に入るころから、多くの家庭ではクリスマス菓子を焼き始めます。シュトレン→247/365を手作りする人もいますが、誰でも手軽にできる定番のホームメイドクリスマス菓子ならクッキーです。子どもも工作感覚で作れるクッキーは、家庭にはぴったりなのかもしれません。ふだんはお菓子をまったく作らない私も、一度だけ友人たちとクッキーを焼きました。

　クリスマスのクッキーとして知られているものはいろいろとあります。代表的なのは、三日月形をしたホロホロッと崩れる柔らかいVanillekipferl（ヴァニレキプフェル）、生地にシナモンを使った星形のZimtsterne（ツィムトシュテルネ）、ココナッツ入りで口当たりの軽いKokosmakronen（ココスマクローネン）あたりでしょうか。アドヴェント→245/365期間にドイツ人の家を訪れると、缶に保存したお手製クッキーを出してもてなしてくれます。

27 | November

11月27日

育児を助ける親時間制度

　日本から旅行で来たご夫妻に、ベルリンを案内していた日のことです。平日昼間の公園にはベビーカーを押す、親とおぼしき男女が大勢いました。その様子にご夫妻は驚いたようでした。ドイツでも少子化は深刻な問題で、政府は子育て支援策を打ち出しています。いわゆる育児休暇に相当するものに「親時間」制度があり、大まかな内容としては最長3年間休業でき、利用後は職場への復帰が保障されているというものです。親時間取得中は「ベーシック親手当」制度によって、子どもが生まれる前の平均賃金の67％を受け取れます。こうした制度は、父母それぞれが期間を分け合って取得したほうがメリットが大きくなり、父親の育児参加を促す設計になっています。ただ、親手当を受給する男性は年々微増しているものの、主流はまだ女性。これには賃金の男女差も関係しているようです。それでも男性が育児をするのは当然で、「イクメン」という言葉は存在しません。

28 | November

11月28日

クリスマスには移動遊園地もやって来る

　広大なクリスマスマーケット→239/365では、同じ場所で移動遊園地が開かれることもあります。多くはカルーセル（回転木馬）やミニ観覧車、小さなレールの上を走るミニ鉄道など、子どもも大人も楽しめる乗りものが主流ですが、中には本格的な絶叫マシンが登場することも。ドイツにはスリルを味わうアトラクションを備えたテーマパークは少ないので、こうした移動遊園地には大人たちが大喜びしています。定番マシンとしては、ジェットコースター、回転空中ブランコ、バイキングなど。観覧車は本来絶叫系ではありませんが、巨大な上に回転速度が速いので意外にヒヤッとします。

　こうした移動遊園地はクリスマスマーケットだけでなく、夏祭りやオクトーバーフェスト→174/365にも登場します。期間限定なのでマシンは解体・組み立てを繰り返されており、絶叫系に乗るよりもそのほうが怖く感じますが、もちろん安全管理は行われています。

29 | November

11月29日

ケバブサンドはベルリン生まれ

　ケバブは肉などをローストした、トルコとその周辺の料理ですが、それをパンにはさんだケバブサンドは、ベルリン生まれ。トルコから移民としてドイツに来たカディル・ヌルマンさんが、手軽に食べられるようにと1972年にケバブ肉をパンにはさんだのが始まりとされています。最初は肉だけでしたが、やがて野菜やソースも一緒に入るようになり、現在の形が完成しました。

　ベルリンで誕生したケバブサンドは、いまやドイツのソウルフードに。いえ、ドイツだけでなく世界中に広がっています。トルコレストランの料理というよりもファストフードで、お肉は通常チキンですが、たまにビーフがあることも。私のおすすめのお店は「ムスタファズ・ゲミューゼ・ケバブ」「リュヤム・ゲミューゼ・ケバブ」「セブン・デイズ」です。とにかくおいしいので、一度食べてみてください。頼むときは「ケバブ」ではなく「ドェーナー」と言うと通じます。

30 | November

11月30日

路上の井戸ポンプ

　ベルリン市内の路上でときどき見かける、緑色に塗られた円柱状の井戸ポンプ。19世紀から20世紀前半のものなので、私はてっきり文化財として保護されているだけの存在かと思っていましたが、ある日ポンプを押して水を出している光景に出くわしました。路上の井戸は、いまなお現役だったのです。ベルリンに初の水道設備ができる以前は、市民は住宅の中庭や町角にある井戸を使っていました。1856年から各戸に水道管がつながり始め、井戸は不要となるはずでしたが、非常用・消防用として残されて2000以上の井戸がベルリンに現存しているそうです。そのうち約3分の2が飲料水レベルの水を供給できるとのことですが、それでも全人口分はまかなえないようです。井戸ポンプのデザインは、竜や魚の頭をモチーフにした装飾的なものからシンプルなものまで、年代によっていろいろ。ひとつずつ撮影して井戸マップを作ったら楽しそう……などと妄想してしまいます。

1 | Dezember

12月1日

アドヴェントの期間

　キリスト教の国では、クリスマスを待ちわび、準備をする「アドヴェント」という期間があります。日本語では待降節（たいこうせつ）などと呼ばれています。アドヴェント期間は約4週間で、11月27日から12月3日の間にある日曜日を第1アドヴェントといい、その日から始まります。翌週の日曜が第2、翌翌週の日曜は第3アドヴェントで、第4アドヴェントを迎えると、まもなくクリスマスがやって来ます。ドイツではアドヴェントになると、Adventskranz（アドヴェンツクランツ）という卓上リースを飾ります。常緑樹のリースの上に4本のキャンドルが立っていて、第1アドヴェントでは1本、第2で2本と、日曜日ごとに1本ずつ火をつけていき、第4アドヴェントですべてのキャンドルに火が灯ります。この時期の花店は、手作り用の枝や完成品でいっぱいに。アドヴェンツクランツは19世紀にドイツの牧師が子どもたちのために作ったのが始まりといわれています。

2 | Dezember

12月2日

もういくつ寝るとクリスマス

「もういくつ寝るとお正月」という歌が日本にあるように、楽しい行事は誰もが指折り数えて心待ちにするもの。ドイツの場合、1年を通して最も重要で楽しい行事はクリスマスでしょう。

Adventskalender（アドヴェンツカレンダー）は、12月1日から24日までだけの期間限定日めくりカレンダー。オーソドックスなのは1から24までの番号が印刷された24の小窓がついたもので、12月1日には1の窓を、2日は2の窓を開けていき、24を開ければその翌日がクリスマスというわけです。窓から現れるのは、クリスマスにまつわる絵やチョコレート、おもちゃ。化粧品やお酒が入った、大人が喜ぶカレンダーもあります。大がかりな例としては、建物の窓をカレンダーの小窓に見立てて、建物全体をアドヴェンツカレンダーにしてしまうことも。ワクワクしながら行事までの期間を毎日カウントダウンしていくのは、どの国でも同じですね。

3 | Dezember

12月3日

毎日少しずつ味わうシュトレン

　クリスマス菓子としてすっかり日本に定着したシュトレン。イースト発酵させたバターたっぷりの生地にドライフルーツやナッツがぎっしり入ったパン菓子で、ドイツが本場です。ちなみに日本ではよく「シュトーレン」と呼ばれますが、ドイツ語では「シュトレン」です。

　シュトレンは1kgや500gなど大きな塊が多く、アドヴェント→245/365に入るころから、薄くスライスして少しずつ食べていきます。焼きたてよりも時間をおいて熟成させたほうがおいしいとされ、きちんと保存すれば春のイースター→1/365のころまで持つといわれています。だから、クリスマスに焦って食べきらなくても大丈夫。

　おいしいので本当はたくさん食べたいのですが、パン店を取材したときに、溶かしバターの中にシュトレンをドブンと漬け込む工程を見て以来、「一度に食べたらとんでもないカロリーになる」と言い聞かせて、ひと切れずつ味わうことにしています。

4 | Dezember

12月4日

本物のモミの木を買いに行く

　クリスマスに欠かせないもの、それはクリスマスツリー。毎年11月下旬になると、町のあちこちにツリー用のモミの木マーケットが立ち始めます。そう、ツリーには生の針葉樹を使う習慣なのです。

　ツリーにする針葉樹はモミの木だけとは限りません。ドイツトウヒや松なども使われます。モミの木マーケットにはさまざまな種類・大きさの針葉樹があり、人々は枝ぶりや大きさをチェックしながらお気に入りの1本を買い求めます。選んだ針葉樹は店員さんが機械でネットをかぶせてくれるので、あとは車や自転車で自宅まで運ぶのですが、1m以上の木ともなるとこれがひと苦労。さらにベルリンの築100年以上の集合住宅ではエレベーターがないことも多い→177/365ので、ひとりではできない作業です。そして、たとえ早い時期に買ったとしても飾りつけは12月24日に行うのが習わしで、それまで針葉樹は部屋でネットをかぶって出番を待っています。

5 | Dezember

12月5日

元工場のリノベーション

　私は民家を鑑賞するのが好きなのですが、それと同じくらい工場建築を愛でるのも好きです。工場といっても、多くは19世紀後半から20世紀初頭にかけてできた、レンガ造りの重厚な建築です。そのころのベルリンには産業革命の到来で多数の工場ができましたが、戦争や度重なる合併、生産体制の変化などによってそれまでの工場は不要となり、リノベーションされて住宅やショッピングセンター、オフィスなどに生まれ変わりました。跡形もなくきれいにしてしまうのではなく、工場当時の趣を残しているケースが多く、煙突や貨物用のレールなどを見ると100年前の世界とつながった気がします。

　私の元自宅の周りには、元ビール工場がたくさんあります。いずれも敷地内にレンガ建築がいくつも並び、煙突が残り、どこかテーマパークのような雰囲気が漂います。誰でも入れる元工場の物件は、私のお気に入りの散歩コースです。

6 | Dezember

12月6日

聖ニコラウスの日

　12月には、クリスマス以外にも子どもたちがプレゼントをもらえる日があります。それは12月6日の聖ニコラウスの日。前日の夜にブーツをきれいに磨いて暖炉か玄関の前に並べておくと、翌朝にはお菓子やナッツが入っています。煙突を通ってきた聖ニコラウスが詰めてくれたのです。でも、プレゼントをもらえるのはいい子だけ。悪い子にしていると、クネヒト・ループレヒトという聖ニコラウスのお供にムチで打たれてしまうとされています。だから子どもたちはこの日が近づくといい子にして、せっせとブーツの手入れをします。子どもがいない私も、お菓子の入ったブーツがかわいらしく思えて、自ら詰めて自作自演したこともありました。

　聖ニコラウスは4世紀に実在した司教でした。子どもたちにプレゼントを配る存在として知られており、サンタクロース →267/365 のモデルになったといわれています。

7 | Dezember

12月7日

エルツ山脈地方のクリスマスピラミッド

　ドイツ東部のエルツ山脈地方は、手作りの精巧な木製おもちゃの産地として有名です。エルツ山脈を知らなくても、そこにあるザイフェンという地名は聞いたことがある人も多いのではないでしょうか。

　エルツ山脈地方の工房では、クリスマスの装飾品もたくさん作っています。クリスマスピラミッドはそのひとつ。円錐形の頂上にプロペラのような羽根がついた飾りで、台座部分にキャンドルをセットすると炎の熱気で全体がくるくると回転します。控えめにした照明の部屋でクリスマスピラミッドが回るのを見ていると、ゆったりとした時間の流れを感じます。最近では電気で回る製品もありますが、私はやはりキャンドルのほうが好きです。

　クリスマスマーケットでは巨大版がディスプレイされていることもあります。特にエルツ山脈があるザクセン州のマーケットでは、クリスマスピラミッドが主役級の存在感を放っています。

8 | Dezember

12月8日

シュプレーヴァルトのベシェアキント

　これまで訪れたクリスマスマーケット→239/365 の中で、特に印象的だったのがドイツ東部・シュプレーヴァルト→157/365 野外博物館 Lehde（レーデ）で開かれる伝統的なもの。この地方には少数民族であるソルブ人が暮らしており、野外博物館では19世紀ソルブ人の生活を展示しています。クリスマスマーケットでは民族衣装をまとった人々による糸紡ぎやお話会があり、固有の文化に触れられます。

　会場を歩く「ベシェアキント」は、ひと目見たら忘れられません。この地方でクリスマスプレゼントを配る存在で、その姿は顔をすっぽりと覆った白いヴェールに白いドレス、頭にはリボンの垂れる花かんむり。美しくもあり、どこか怖さも感じます。顔を隠しているのは、他人から見られてはいけない聖なる存在だからで、声も発しません。ベシェアキントが手にする枝で体に触れてもらった人には、しあわせと健康がもたらされるそうです。

9 | Dezember

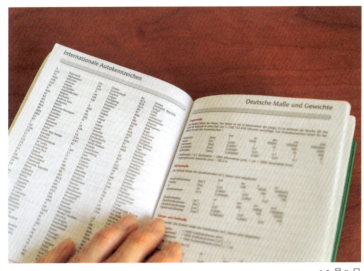

12月9日

herlitzのスケジュール帳

　予定を管理するのに欠かせないスケジュール帳。いまはオンライン上のカレンダー機能を使っているのですが、それまでは毎年必ずherlitz（ヘーリッツ）社のスケジュール帳を買っていました。いろいろなタイプがありますが、私が愛用していたのは見開き1週間タイプ。予定を書き込むのにちょうどいいスペースでした。

　さらによかったのは、手帳の前後にEU各国の祝日やドイツ各州の学校の夏休み日程、救急車や消防署の電話番号、郵便料金などの情報がぎっしりと載っていることです。電話口でのアルファベットの伝え方→300/365もちゃんと出ていました。

　その国で育っていないと、救急車の電話番号などは案外知らないままだったりするものですが、いざというときに困ります。インターネットでなんでも調べられる時代でも、手帳にコンパクトにまとまっているのはやはり便利だと思います。

10 | Dezember

12月10日

クリスマスの飲みものといえばグリューヴァイン

クリスマスマーケット→239/365 の多くは屋外で開かれます。ドイツの冬の気温は昼間でもひとケタ台、ときには氷点下になるので、長時間マーケット会場にいると体の芯から冷えてきます。

そんなときに欠かせないのが、Glühwein（グリューヴァイン）。シナモン、クローブなどのスパイスが入った甘いホットワインで、赤ワインで作ったものが主流ですが、白ワインバージョンも見かけます。好みでさらにラム酒などを加えることもできます。クリスマスマーケット屋台で必ず売られているので、機会があれば一度試してみてください。体がホカホカ温まり、寒さが吹き飛ぶはずです。

グリューヴァインは家庭でも簡単に作れます。ただ温めるだけの出来あいの商品もありますが、手作りのほうが断然おいしいと思います。赤ワインとスパイスを鍋に入れて火にかけ、温まったら砂糖を加えて溶かすだけ。オレンジなどの柑橘類を加えるのがおすすめです。

11 | Dezember

12月11日

お菓子の王様、バウムクーヘン

　本場ドイツでお菓子の王様と呼ばれている、バウムクーヘン。日本にいたころは、お店ごとにいろいろなバリエーションがあるのだろうなと思っていたら……じつはドイツのほとんどのお菓子屋さんではバウムクーヘンが売っていないのです！　本場なのになぜ？　と思ったら、作るためには専用の大型機械が必要なことと、高度な技術を習得した熟練の職人でないと作れないからなのだそうです。クリスマスや結婚式など特別なときにいただく、とっておきのお菓子で、日常的に食べるものではないのだと知りました。

　バウムクーヘンの名産地として知られるドイツ北部・ザルツヴェーデルのお店で、工房見学をさせてもらったことがあります。燃えさかる炎の手前に回転する心棒がセットされており、そこに幾度も幾度も生地を流しかけてようやく焼き上がる様子を見て、「やはりバウムクーヘンはお菓子の王様なのだ」と実感しました。

12 | Dezember

12月12日

空港跡地は公園に

　ベルリン中心部に、テンペルホーフ空港という名の空港が2008年まで存在していました。空港が閉鎖された現在、その場所には滑走路も、その周囲の野原も、空港施設も格納庫もそのまま残っています。野原の一角には凧揚げに興じる子どもや大人、別の一角にはバーベキューを楽しむ人々が。かつての滑走路には、飛行機に代わってサイクリストやインラインスケーターたちが滑走しています。300haを超える跡地は、人々のレクリエーションの場、動物たちが生息するビオトープとして、大切な場所になっています。

　じつは空港閉鎖後は、政府によって集合住宅や商業施設などができる計画が持ち上がっていました。しかし市民団体がそれに抗議して市民投票となり、その結果、空港はそのままの形で残されることが決まったのです。市民は政府の計画を受け入れず、広大な空間を残すことを選んだという事実は、非常にドイツらしいと思います。

13 | Dezember

12月13日

消化のために蒸留酒を飲む？

　どっしりとした肉料理が多い伝統的なドイツ料理→225/365。ビールやワインとともにメイン料理をいただいてお腹がいっぱいになっているところに、「食後に蒸留酒はいかがですか」と声をかけられることがあります。ドイツでは蒸留酒は消化を促すといわれているからなのですが、これはそのように感じるだけで、実際のところは蒸留酒に消化促進の働きはないようです。ビールと交互に飲む人もいるそうですが、蒸留酒はアルコール度数が高いので飲み過ぎは禁物。食後にショットグラスでクイッと1杯飲むぐらいがよさそうです。

　ドイツにはその土地で収穫できる穀物やフルーツを使った蒸留酒が各地にあります。たとえばドイツ南西部ではリンゴや洋ナシ、プラムなどのフルーツで造った蒸留酒が名物です。同じくドイツ南西部生まれの「黒い森のサクランボケーキ」には、サクランボの蒸留酒がたっぷり染み込んでいます。

14 | Dezember

12月14日

プラスチックから紙容器へ

　お店で売っているテイクアウトのランチボックスや、ファストフード店のハンバーガーの入れもの。よく見ると、プラスチック製はありません。ドイツを含むEUでは2021年7月3日から使い捨ての食器やカトラリー、ストロー、テイクアウト用コーヒー容器などにプラスチックの使用を禁じたためです。使い捨て容器は便利なため、これまでさまざまなシーンで使われてきました。コロナ禍やフードデリバリーサービスの発達も、テイクアウト需要を伸ばしたのではないかと思います。その一方で、プラスチックゴミの増加や、そうしたゴミが海の生物に与える被害が大きな問題になっていました。

　現在テイクアウト容器には、プラスチックに代わって紙容器が使われていることが多いです。またテイクアウト用リユース容器→333/365 も広がりつつあり、容器を取り巻く状況は今後もどんどん変わっていくことと思います。

15 | Dezember

12月15日

子どもの遊び「天国と地獄」

　地面に描かれていた四角いマスを見て「あれ？」と思いました。何か見覚えのある気がする……と思いめぐらせて浮かんだのが「ケンケンパ」。子どものころにやった遊びで、地面に描いた枠の中に小石を投げ入れて、片足で飛びながら投げた石を拾って戻ります。「石蹴り」と言っていたかもしれません。「ケンケンパ」では四角いマスではなく、円だったと思いますが、全体の形は似ています。

　気になって聞いてみたところ、ドイツではこの遊びを「天国と地獄」と呼んでいました。遊び方はいろいろなバージョンがあるそうですが、石を投げて片足で飛ぶという点は同じ。この遊びはアジア、ヨーロッパ、アフリカ、南米、オーストラリアなど世界中に存在しているのだと知りました。地面にマスを描くチョークと小石さえあれば、どこでも、何人とでも遊べるシンプルさで世界中に広まったのかもしれませんね。ドイツで幼少時を思い出しました。

16 | Dezember

12月16日

ジェントリフィケーション

　ジェントリフィケーションという言葉を最初に聞いたのは2010年代だったでしょうか。比較的低所得者層が住む地域が再開発などによってきれいでおしゃれになり、地価・家賃が高騰して住人の層が変わってしまうことですが、ベルリンはまさにこの道をたどっていると思います。東西ドイツ再統一 →186/365 後、安かった旧東ベルリンエリアにアーティストたちが移住し、町がおもしろくなって発展、やがて地価が上昇してこれまでの住人が住めずに離れていくという図式が、ベルリン各地で順々に進んでいきました。友人の中にはリノベーションなどを口実に、賃貸アパートを半強制的に出された人もいます。気の利いたものはなくても、自由でクリエイティブなおもしろさに満ちていた町が、高級化した結果、町に愛着のない人々が増加するのは残念です。町は生きものだから、変化するのは当然のこと。でも願わくは、その町を愛する人が住む町であってほしいです。

17 | Dezember

12月17日

ワーキングホリデー・ビザ

31歳未満で、一度はヨーロッパで暮らしたいと考えている人なら、ドイツのワーキングホリデー・ビザ(以下ワーホリと記載)制度がとってもおすすめです。日独間でのワーホリ制度は2000年から始まり、最長1年間滞在できて就労も可能。1年間ドイツの好きな場所で暮らし、何かを学んだり、働いたりしてドイツを満喫できます。

ドイツのワーホリの最大のアピールポイントは、ビザの発給枠がないことだと思います(2024年現在)。ヨーロッパのほかの国の中には発給数に上限があり、取得のハードルが高い場合もありますが、ドイツなら申請すれば基本的に発給されます。ドイツは中欧に位置していますから、ヨーロッパ諸国へのアクセスも抜群。ですから、もしほかの国でワーホリが取れなかったとしても、あきらめずにドイツでトライする価値はあると思います。ワーホリは国により内容が異なり、条件も変化するので、必ず大使館で最新情報を確認してください。

18 | Dezember

12月18日

レープクーヘン

　ドイツのクリスマス菓子で、まだあまり日本で知られていないものにレープクーヘンがあります。シュトレン→247/365 と並んでよく食べられる焼き菓子で、硬いものから柔らかいものまで、種類はさまざま。中でも全国的に人気なのが、ニュルンベルクが本場の柔らかいタイプです。これは小麦粉、デンプン、水で作ったオブラートの上に、アーモンドやヘーゼルナッツ、クルミなどのナッツパウダーとスパイスがたっぷり入った生地をのせたもので、ナッツの含有量が25%以上、粉類が10%未満の生地の場合は、最高の等級である「エリーゼンレープクーヘン」と名乗ることができます。ニュルンベルクのクリスマスマーケット→239/365 では大きいものが1枚単位で売られているほか、缶入りや袋入りも。ベルリンのスーパーマーケットでも秋ごろから出回ります。しっとりと柔らかいリッチな生地は、風味豊か。いずれシュトレンのように日本でもメジャーになるでしょうか。

19 | Dezember

12月19日

ベルリン・フィルハーモニーのランチコンサート

　ベルリンではクラシック音楽をとても身近に感じます。知り合う人が音楽家だったり、コンサートに誘われたり。それはやはりいくつものオペラ座や、世界最高峰オーケストラのひとつとされるベルリン・フィルハーモニーがあるからでしょう。

　私のような門外漢は、クラシック音楽に触れてみたくても、何を聴いたらいいかわからないのが正直なところではないでしょうか。そんな人には、フィルハーモニーのランチコンサートがいいと思います。9月から6月までの週1回、お昼に大ホールのホワイエで開かれる50分程度の無料コンサートで、バイオリンとピアノ、ピアノソロなどプログラムはさまざまです。演奏するのはフィルハーモニーの団員やプロの音楽家。お客は座席のほかに床や階段にも座るなどカジュアルな雰囲気で、ドレスコードもありません。一流の演奏を気軽に聴ける環境が、さらなる文化を創り上げていくのだと思います。

20 | Dezember

12月20日

クリスマスの匂い

「クリスマスの匂いがする」秋も深まったお菓子屋さんで、こう言った人がいました。当時の私にはピンときませんでしたが、いまならその意味がわかります。

　クリスマスのお菓子にスパイスは不可欠です。代表的なものはシナモン、クローブ、ナツメグ、スターアニスなど。こうしたスパイスはドイツのクリスマス菓子やグリューヴァイン→254/365 に必ず入っています。スパイスといってもからくなるわけではなく、独特の風味が生まれます。伝統的なクリスマス菓子は、生地にスパイスやアーモンドなどのナッツをよく使い、チョコレートでコーティングすることも多いです。以前取材をしたお菓子マイスターは、「スパイスやチョコレートを食べると、エネルギーが湧いてくる気がします。寒い冬に合った食べものですね」と話されていました。クリスマスが近づいたときお菓子屋さんに入ったら、ちょっと匂いをかいでみてください。

21 | Dezember

12月21日

第4アドヴェント

　第1アドヴェント→245/365から3週間すると、もう第4アドヴェント。アドヴェンツクランツの4本すべてのキャンドルに火が灯る日です。12月25日のクリスマスは目の前に迫っています。

　クリスマス前はやるべきタスクが山積みで、人々は大忙し。家族に贈るプレゼントを買わなくてはいけないし、ツリーの用意→248/365やディナー用食材の買い出しなどもあります。帰省する人も、それを迎える人もみんな準備に追われます。お店も混雑して疲れきってしまいがち。「クリスマスストレス」という言葉があるくらい多くの人がプレッシャーを抱えており、雑誌やオンライン記事では対策のアドバイスを見かけます。

　こうした忙しい時期を乗り越えて、ようやく静かなクリスマスを迎えたとたんに家族ゲンカなどという、笑うに笑えない話も……。でも似たような状況は、日本のお正月にもきっと当てはまりますよね。

22 | Dezember

12月22日

シュヴィップボーゲン

　クリスマスピラミッド→251/365と並んで、エルツ山脈地方の有名なクリスマスの装飾品といえば、シュヴィップボーゲン。木でできた半円形の飾りで、円の外側に明かりがついており、窓辺に飾って楽しみます。クリスマスが近づいた夜の町を歩いていると、家々の窓からシュヴィップボーゲンの明かりが輝いていて、ふわっと温かい気持ちになるものです。

　エルツ山脈地方は、木工品が名産になる以前は錫の採掘で栄えていました。しかし、資源の枯渇や時代の変化で、錫から木工製品へと産業が変わっていきました。ですから、この地方で生まれた装飾品は、どこか鉱山を連想させます。シュヴィップボーゲンの半円の形は、暗い鉱山への入り口のよう。でも、実際の鉱山とは違って、シュヴィップボーゲンには明かりが灯ります。人の心を温かくしてくれる、希望の光が灯るのです。

23 | Dezember

12月23日

サンタクロースとクリストキント

　クリスマスにプレゼントをくれる人は、ドイツでは2人います。ひとりはおなじみのサンタクロース。もうひとりはクリストキントという、子どもの姿をしたイエス・キリストです。プロテスタントが多いドイツ北部・東部ではサンタクロースが、カトリック主流の南部・西部ではクリストキントがやって来ることになっています。

　サンタクロースのモデルは12月6日に子どもたちにプレゼントを配る聖ニコラウス→250/365 ですが、現在のような赤い上下に白いひげのおじいさん姿のイメージを世界中に定着させたのは、アメリカのコカ・コーラ社による広告でした。一方、クリストキントは金色の巻き毛に白と金色の衣装を着た女の子の姿で表されます。世界的に有名なドイツ南部・ニュルンベルクのクリスマスマーケットは「クリストキントのマーケット」という名称で、運がよければ会場でクリストキントに出会えます。

24 | Dezember

12月24日

クリスマス・イヴの食卓

　12月24日はクリスマス・イヴ。日本では25日よりもむしろ24日のほうが重要な気がします。特別なディナーやパーティーなどを24日に行う人も多いのではないでしょうか。

　ところが、ベルリンではじめてクリスマス・イヴを迎えた日に衝撃を受けました。なんと、イヴの夕食の定番は茹でソーセージとジャガイモサラダ→299/365だというのです。イヴは平日な上にクリスマスの準備で忙しいし、キリストはまだ誕生していないのでごちそうは25日になってから、という考えからだそうです。同じ理由で、チーズ（またはオイル）フォンデュやラクレット（ひと口サイズの肉や野菜にチーズをのせて焼いたもの）も24日の人気メニュー。とにかく調理に手間がかからず、簡単に済ませられる料理というわけです。なんとも合理的ですね。もちろん、中には25日にいただくような鴨やガチョウのローストといったディナーを楽しむ家庭もあります。

25 | Dezember

12月25日

第1クリスマス

「Frohe Weihnachten!（フローエ・ヴァイナハテン＝メリー・クリスマス）」の挨拶で、いよいよ年間最大イベントであるクリスマスが始まります。祝日のこの日は、お店も会社もすべてクローズ。にぎやかなクリスマスマーケットも終了しています。教会では24日の夜に盛大な礼拝を行うので、そのときに足を運ぶ人が多く、25日の町はひっそりと静まり返ります。

クリスマスは家族水入らずで過ごす、大切な日。ふだんは離ればなれに暮らしている家族が集まって、お互いの近況を語り合います。キャンドルの光に包まれて、焼き菓子やコーヒーをいただきながら話に花を咲かせたら、夜はお待ちかねのディナータイム。いつもはシンプルな食事が多いドイツでも、この日はごちそうを作ります。鴨やガチョウのロースト、鯉料理といった伝統的なクリスマスディナーを囲みながら、温かい時間を過ごします。

26 | Dezember

12月26日

第2クリスマス

　12月26日は第2クリスマスの日。ドイツはこの日も祝日です。日本のお正月に三が日という言葉があることを思うと、クリスマスが2日間続くのもうなずけるかもしれません。

　第2クリスマスの日の過ごし方も、日本のお正月の2日目以降に少し似ています。たとえば親戚同士が集まったり、親しい友人と会ったり。会社や小売店、スーパーマーケットはまだお休みですが、レストランは営業することもあるので、食事を楽しんだりもします。

　夜が近づくと、実家から自宅へと戻る人々で鉄道や道路が混み合い、再び慌ただしいムードに。25日は人がいなくなりひっそりとしていた都会には、活気が戻ってきます。ドイツに家族がいない私にとって、クリスマスの2日間は寂しさを感じる日でもありましたが、それでもこの美しくて温かく厳かな雰囲気は、クリスマスの本場だからこそ味わえるものだと思います。

27 | Dezember

12月27日

見知らぬ人からの小さな優しさ

　見知らぬ人とのちょっとしたやり取りに、心温まるときがよくあります。たとえば、後ろから来る私のために扉を開けておいてくれたとき。誰もが普通にしていることなので、特別に親切にしている意識はないのでしょうが、ほわっとうれしくなります。

　階段でベビーカーや重い荷物を運ぶ人を、周りが手伝っているのもよく見かける光景です。私がスーツケースを持って階段をのぼっているときも、さっと人が寄ってきて手伝ってくれました。助けられる側も手伝うほうもとても自然で、「ありがとう」「どういたしまして」のようなやり取りを交わして、さっと別れていく姿が素敵だと思います。

　バス停などで知らない人と目が合うと、口角をちょっと上げてニコッとする習慣も好きです。笑顔になると、まず自分自身の気分がよくなる気がします。見知らぬ者同士だからこそ、優しいコミュニケーションを交わし合えたらいいなと思います。

28 | Dezember

12月28日

大都市の中央駅周辺は治安が悪い

　ドイツの大都市には、長・短距離列車やバスなど多くの路線が集中し、その都市のターミナルとなる「中央駅」が存在します。ドイツ国内を鉄道で移動する場合、中央駅で下車して、そこからローカル線やバスを乗り継ぐか、徒歩で目的地まで行くのがパターン。中央駅にはお店や飲食店が入っているので、ショッピングセンター代わりに使えて便利ですし、周辺にはホテルも密集しています。

　ですが、中央駅周辺は治安が悪いスポットが多いのです。そうした場所は雰囲気でわかるかもしれませんが、土地勘がない都市なら事前に都市名のあとに「gefährlich（ゲフェーアリヒ＝危険な）」「Viertel（フィアテル＝地区）」といった言葉を並べて検索すると具体的な地名が出てきます。宿泊するなら、できれば中央駅から少し離れたホテルのほうが安心だと思います。ただし、ベルリン中央駅は新しくできたため例外で、周辺に危険な場所もなく、商業的なエリアもありません。

29 | Dezember

12月29日

花火販売の解禁日

　新年を迎える深夜0時の瞬間 → 276/365 は、町中から上がる花火で大騒ぎになります。ニューイヤーイベントではプロの手による大きな打ち上げ花火もありますが、一般市民も路上で派手なロケット花火を上げて祝うのです。

　花火はいつでもどこでも手に入るわけではありません。爆竹、ロケット花火など種類によって数段階にカテゴライズされており、一般人が購入できる商品や買える人の年齢はカテゴリーごとに制限されています。たとえばロケット花火は18歳以上でないと買えません。また、花火が買える日程も大みそかを含めた3営業日と決まっているので、毎年12月29日または28日から店頭に花火が並びます。売られている花火はどれも威力がありそうで、私はとても買う気になりませんが、10本程度がセットになったパックをたくさん抱えていく人を見かけると、花火のない新年なんて考えられないのかもしれません。

30 | Dezember

12月30日

いつの間にか政治の話になっている

　世間話が議論のようになりがちな →219/365 ドイツでの会話ですが、それに加えて政治的な話題に発展しやすいという特徴もあると思います。「最近は夏の暑さが異常だよね」「気候変動のせいだよ。そういえば政府のエネルギー政策は……」とか、「あの店のアイスクリームがまた値上げだって」「このインフレはいつまで続くんだろう。財政政策が……」など、実際の会話はこれほど極端ではないものの、気づくとカジュアルに政治について話しています。選挙の前後や何か大きな出来事があったあとは当然その話題になります。民主主義とはこういうベースがあって成り立つものなのかと感じたりしています。

　私は政治そのものについて語り合いたいという熱意はそこまでないのですが、こうした会話を聞くにつけ、自分の半径3mの日常と世界はつながっていると自然に意識するようになりました。自分に関係することの先をちょっと考えてみると、世界は広がるように思います。

31 | Dezember

12月31日

大みそかは『ディナー・フォー・ワン』

　大みそかに必ずテレビで放送される番組があります。それは『ディナー・フォー・ワン』。ドイツ語のタイトルは『90歳の誕生日』です。脚本家もコメディアンもイギリス人の、英語によるモノクロ作品で、1963年に北ドイツ放送局で制作されました。1972年の大みそかに放送されて以来、年越しの定番番組となっています。

　内容はとてもシンプルです。登場人物は館の主のミス・ソフィーと、執事のジェームスの2人だけ。ミス・ソフィーは自身の90歳の誕生日パーティーに4人の友人を招いていました。でもじつは、彼らはもう亡くなっているのです。しかしジェームスは5人分のディナーの給仕をしながら、友人たちがテーブルにいるかのように一人ひとり声色を変えて演じます。料理を運ぶたびに何度も友人分のお酒を飲み干すジェームスはやがて……。繰り返されるわかりやすいギャグに笑いながら、1年の最後の日が過ぎていきます。

1 | Januar

1月1日

花火で明ける新年

「Frohes neues Jahr!（フローエス・ノイエス・ヤール＝あけましておめでとう）」。0時になった瞬間に友人たちとハグを交わし、あちこちから打ち上がるロケット花火の轟音と硝煙の中で年が明けます。

家族と過ごす静かなクリスマス→269/365と対照的に、新年は友人たちと大勢でにぎやかに迎えるのがドイツ。カウントダウンで盛り上がるのに花火→273/365は欠かせません。0時になるタイミングで誰もが花火を一斉に上げ、そこから30分ほどはもう大変なことに。アパートの屋上から周囲を見回すと、バンバン、ドンドン、ヒューヒュー、辺り一面音と光の嵐です。「新年になる0時前後は外を歩かないほうがいい」と言われたことがありますが、確かにその通りで、毎年花火による重大な事故が起きています。そのためベルリンでは、一般人が上げられる花火の種類とエリアを制限しています。楽しく安全に、新年を迎えたいものだと思います。

2 | Januar

1月2日

ラッキーシンボルその① 煙突掃除人

　年末年始になると、花店で売っている植物の鉢植えに、黒い服、黒いシルクハット姿の人形が飾られていることがあります。これは煙突掃除人。ドイツではラッキーシンボルで、彼らに触るとしあわせがもたらされるといわれており、新年の幸運を願って人形がつけられているのです。煙突掃除人という職業は現代でも続いており、各家庭の給湯器と煙突のチェックをしています。

　煙突掃除人がラッキーシンボルになった理由は、中世にまでさかのぼるようです。当時の家は木造なので、煙突に煤がついて汚れるとたちまち火事に直結してしまいます。煙突を掃除すれば安心して調理や部屋を暖めることができました。つまり煙突掃除人は、家に安全をもたらしてくれる存在だったのです。

　わが家はガス暖房なので、毎年煙突掃除人が検査にやって来ました。そのときに触らせてもらったおかげか、安全に楽しく暮らせました。

1月3日

仕事始めは休暇取得時期の調整から

　休暇 → 143/365 が人生で最も大切なもののひとつではないかと思われるドイツ。誰もが毎年2〜3週間のまとまった休暇を取るのが当然で（それだけだと全消化しないので、ほかの期間にも取ります）、年始の職場は各人の休暇取得時期の調整で始まります。私なら年始の時点で半年先や10ヵ月先のことなどわからないと思うのですが、そうではなく、まず休暇時期を決めてしまうのですね。職場共用のカレンダーに、各人の休暇時期が書き込まれていたりします。

　子どもがいる家庭では、学校の夏休み時期に休暇を取りたいので、子どもがいない人はそれ以外の時期を狙うというように、各人のライフスタイルによって調整し合います。ですから、7・8月はメインの休暇シーズンですが、ほかの時期に取得する人も珍しくありません。学校の夏休み時期は州によって違いますから、混雑のピークが全国一斉に来ないのはいいと思います。

4 | Januar

1月4日

ビスケットで作る「カルター・フント」

　ビスケットの白い断面と、チョコレートクリームの黒がきれいに層になったビスケットケーキ。ドイツでは Kalter Hund（カルター・フント）をはじめとしていくつもの名称があり、それだけ親しまれていることを物語っています。カルター・フントの最大の特徴は、焼かないでできること。バタービスケットとチョコレートクリームを長方形のケーキ型の中に交互に重ねていき、冷蔵庫で冷やして固めれば、はい、できあがり。ケーキ店で売っているものではなく、カジュアルなカフェや家庭で作って食べる味です。カルター・フントの起源は、1920年代にドイツのビスケットメーカーが発表した、自社のビスケットを使ったレシピだとされていますが、正確にはわからないようです。ほかの国にも同様のレシピがあるので、素朴なこのケーキがみんな大好きなことだけは確かなのかもしれません。ビスケットとチョコレートでできているのだから、おいしいに決まっていますよね。

5 | Januar

1月5日

内と外の曖昧な境界

　ドイツの家に上がりかまちはありません。玄関の扉を開けると、外側と同じ高さの床がそのまま続いているだけです。ドイツ人も家の中では室内履きに履き替える人がほとんどなので、扉付近に下駄箱を置いたり、マットを敷いてなんとなく靴を並べたりしています。

　家の住人は室内履きでも、ゲストはたいがい靴を履いたまま。私が家にお邪魔するときは日本的感覚で靴を脱ぎますが、「履いたままでいいよ」「靴を脱ぎたければどうぞ」という反応が返ってきます。

　以前、あるアパートの家を取材したところ、話の流れで階下の家を訪れることになりました。アパートの階段は建物内にあるものの、そこは誰もが土足で歩く部分。当然私は靴を履いて階段に出ようとしたら、家の人が「建物の中なのでそのままで大丈夫ですよ」と言うのです。ご本人は室内履きをしっかりと履いているのでいいでしょうが、私は靴下姿。どこまでが内側なのか、考えさせられた出来事でした。

6 | Januar

1月6日

路上に出されるモミの木

　1月6日はキリスト教における東方三博士の日。公現祭ともいいます。東方の博士（賢者）たちがキリストの下に到着し祝福した日とされ、この日をもってクリスマスは終了となります。飾っていたクリスマスツリーも、この日で片づけられます。でもいったい、こんなに大きなモミの木をどうやって処分するのでしょう？　答えは、この日以降に歩道に山積みになっているモミの木。これは不法投棄ではなく、指定日に路上に出せば清掃局が回収する仕組みなのです。ベルリンでは回収後の木をカットし、バイオマス発電の原料に利用しています。再利用されるとはいえ、きれいに飾られていたモミの木が路上にある姿は、なんだか打ち捨てられているようで不憫にも思います。

　数週間も飾ったモミの木は乾燥して葉がパラパラと落ちるので、毛布などにのせて路上まで運ぶ人も。よく「モミの木を窓から落とす」といわれますが、アパートでは危険なので私は1回目撃した程度です。

7 | Januar

1月7日

扉に書かれたC+M+Bとは？

　玄関の扉にチョークで書かれた「C+M+B」の文字を、おもにカトリックが優勢の州 →63/365・215/365 で見かけます。これは、ラテン語で「キリストがこの家を祝福されますように（Christus mansionem benedicat）」という文章から取った文字。1月6日の東方三博士の日 →281/365 前後になると、東方三博士の仮装をした子どもたちが民家の扉を叩き、歌を歌ってこの文字を記します。C+M+Bの前後に並ぶ数字は年号で、2024年に書かれたものなら「20*C+M+B+24」となります。子どもたちのこの活動は、古くからある習慣をもとにした募金活動で、1959年から始まりました。ドイツのカトリック教会による子ども支援団体の主催で、集められた寄付金は世界の恵まれない子どもたちに送られます。ベルリンはプロテスタントが多いせいか、私は実際に仮装をした小さな東方三博士たちを見たことがないのですが、彼らはベルリンの首相や大統領官邸を訪問しています。

284

8 | Januar

1月8日

単なるオーガニックではない「デメター」

　オーガニック→73/365が浸透しているドイツではいくつものオーガニック団体があり、それぞれがEUやドイツの基準よりも厳しい団体ごとの基準を設けています。中でも最も厳格とされているのが「Demeter（デメター）」という団体です。デメターはドイツ最古のオーガニック団体で、単なるオーガニックではなく「バイオ・ダイナミック農法」を用いる点が最大の特徴です。この農法はシュタイナー教育→88/365でもおなじみの哲学者、ルドルフ・シュタイナーが提唱したもの。自然と調和する農業で、月の満ち欠けのような天体の影響を考慮した独自の暦があり、種まきや収穫時期が決まっています。化学肥料や農薬は使用せず、自然界に存在するもので作った独自の調合剤をその代わりにしています。実際の農作業の様子を聞くとちょっと魔術のようですが、デメターの作物で作ったパンや乳製品は、私はおいしいと思います。オレンジ色のロゴが目印です。

9 | Januar

1月9日

ドイツの中の日本・デュッセルドルフ

　ドイツ西部に位置するデュッセルドルフ。中央駅から延びるインマーマン通りには日本語の看板があふれ、日本食レストラン、居酒屋、書店などが並び、日本にいるかのような錯覚を起こします。外務省の海外在留邦人数調査統計によれば、2023年のデュッセルドルフ在住日本人は6669人。ドイツ国内で最も日本人が多い都市です。もともとデュッセルドルフがあるノルトライン・ヴェストファーレン州は工業地帯を抱えており、デュッセルドルフはその窓口的存在でした。戦前から始まった交流は戦後になっていっそう盛んになり、日系企業が次々にこの地に事務所を構え、日本人街となりました。

　コロナ禍では、一時帰国を諦めたドイツ在住の日本人たちがデュッセルドルフを訪れ、母国の気分を味わっていました。最近はヨーロッパの日本ファン→53/365からも注目されていて、デュッセルドルフ観光局では「リトル・トーキョー」としてPRをしています。

10 | Januar

1月10日

ラッキーシンボルその②　ベニテングタケ

　ドイツには煙突掃除人 →277/365 以外にも、四つ葉のクローバーやテントウムシ、豚、馬の蹄鉄などのラッキーシンボルがあります。

　よくわからないのは、赤に白い斑点のついたベニテングタケ。毒キノコなのですが、ラッキーシンボルとして年末年始の飾りによく登場します。なぜ毒キノコなのにしあわせと結びついたのかは不明ですが、昔はハエ退治に使われ、シラカバや松などの近くに生えると、互いに養分を与え合うことは知られています。毒キノコではあるものの、見た目はとてもメルヘンチックだと思いませんか？　私は見つけるとちょっとうれしくなって、写真を撮ってしまいます。

　ドイツ語で幸運な人のことを「幸運のキノコ」といいますが、これはもともと短期間で財を築いた成り上がり者のことを、短い時間でニョキニョキと生えるキノコになぞらえた罵り言葉でした。それがいつしかポジティブな意味に変わったそうです。

11 | Januar

1月11日

キャンドル文化

　くつろぎの場である自宅のリビングは、複数の照明や間接照明
→ 218/365 を使って柔らかに明るくするドイツの家。キャンドルもま
た身近なアイテムで、特に秋、冬の暗い季節に活躍します。夕暮れど
きにキャンドルに火を灯したときの、ホッとする温かさ。揺らめく炎
をボーッと見つめるといつの間にか穏やかな気持ちになっていること
も。キャンドルには明かりだけでなく、癒やし効果も期待できます。

　手軽に使えるのはティーライトキャンドル。小さなアルミ製のカッ
プに入ったキャンドルで、陶器やガラス製のキャンドルホルダーに入
れて使います。ドラッグストアではこのキャンドルを、50個入りや
100個入りのパックで売っています。円柱状などのベーシックなキャ
ンドルも、もちろんたくさん売られています。

　ドイツでは地震がほぼないので炎があっても心配はしませんが、日
本では揺らめくタイプのLEDキャンドルもいいかもしれませんね。

12 | Januar

1月12日

のど飴エム・オイカル

　風邪の始まりは喉から来ることがあります。「あれ、いがらっぽいかな？」と思ったら、すかさず舐めるのど飴が Em-eukal（エム・オイカル）。ドイツで100年以上続くロングセラー製品で、クラシックやレモン、セージ、シュガーフリーなどのフレーバーがそろっています。舐めると喉がラクになる気がして、冬場はポケットに入れています。医薬品ではないためドラッグストアで簡単に入手できます。

　飴の包み紙からは、両脇に赤いラインが入った白いタグのような紙がはみ出ています。最初は単なるブランドの目印かと思っていましたが、このタグの端を持って包み紙を破ることで、飴に直接手を触れることなく舐められるという衛生上の工夫なのだそうです。特に、炭鉱業がドイツの重要な産業だった1950年代には、じん肺で苦しむ鉱夫たちが、仕事で汚れた手でも飴に触れずに舐められる点で重要だったとか。さすがロングセラー、ドイツの歴史とともに歩んでいます。

13 | Januar

1月13日

冬の遊び

　ドイツは日本よりも緯度が高いので雪が多いイメージがあるかもしれませんが、豪雪地帯の多い日本と比べると意外にそうでもないのです。比較的雪が多い地域は、山があるドイツ南部。海→346/365に近い北部は雪が少なく、ベルリンでは雪が降っても深く積もることはほとんどありません。ただし気温は低いので、年によっては湖が凍ります。そんなときは安全の確認ができたら、湖上でスケートを楽しむ人たちが現れます。また、広場の一角には屋外スケートリンクも登場するので、スケートはなじみ深いウィンタースポーツです。

　雪の少ないベルリンでも、たまに大雪に見舞われる年もあります。すると登場するのはソリ。スキーウェアにくるまった子どもたちが、公園の斜面をソリでひたすら滑っています。そのほか、公園の木立でクロスカントリーをしている大人を見たことも。たまの積雪には、大人も子どももうれしくなってしまうようです。

14 | Januar

1月14日

お土産にぴったりのおしゃれなパッケージ

　ちょっとおしゃれで気の利いたお土産をドイツで見つけるのは、少し難しいかもしれません。お菓子類は大袋にドサッと入ったものが中心で、そのほうがゴミは少なくていいのでしょうが、カジュアル過ぎる気もします。そういうわけでお土産探しには苦労していましたが、いまは私の定番土産があります。

　まずは PAPER & TEA の商品。ベルリンで創業したティーショップで、オリジナルブレンドの紅茶、緑茶、ハーブティーなどがそろっています。個人的にここのお茶が大好きで、パッケージも素敵。大切な人へのプレゼントにぴったりだと思います。もうひとつは Sawade という、ベルリンで 1880 年に創業されたチョコレート専門店の品。プラリネチョコレートをひと粒から買えますが、きれいなボックス入りの詰め合わせ商品が各種あっておすすめです。私はベルリンモチーフのイラストが描かれた、4粒入りのボックスをよく買っています。

15 | Januar

1月15日

カモミールティーは万能薬？

　日本にいたときは、ドイツには有名な製薬会社があるので、みんなすぐに薬を飲むのかなと漠然と想像していました。しかし、少なくとも私の周りはそうではなく、必要でない限りは強い薬はなるべく飲まないと多くの人が話します。では体調が思わしくないときにどうするかというと、ハーブティー → 58/365 を飲むのです。

　中でもカモミールティーは、暮らしの中で頻繁に登場します。ある日私が「お腹の調子が悪い」と友人に話すと、「そんなときはカモミールティーを飲んだらいいよ」と言われました。風邪をひいたときも「カモミールティーを飲んで寝ているのがいちばん」、夜にも「カモミールティーを飲めばリラックスできるよ」と、カモミールティーさえあれば、たいていの不調はなんとかなるのではと思うほど。ただし、なんでも摂り過ぎは禁物です。また、アレルギーがある人や妊娠中の人は避けたほうがよいとされているので、注意してください。

16 | Januar

1月16日

日独定番スキンケア、ニベア

　おそらく知らない人はいないのでは？ と思うほど有名な、スキンケアクリームの「ニベア」。青地に白い文字で NIVEA と書かれた円形の缶は幼少時からあまりにもなじみ深く、まさかそれがドイツのブランドだとは思いませんでした。

　ニベアクリームが生まれたのはドイツ北部のハンブルクで、1911年のこと。水と油を混ぜる乳化剤「オイセリット」の開発によって、製品化されました。発売3年後にはすでにドイツ国外でも売られ、国外生産も始まったとのことなので、画期的な品だったのでしょう。100年以上経ったいまでも、ニベアクリームはスキンケアの定番品です。ハンブルクとベルリンなどには「ニベアハウス」という専門店があり、限定セットやご当地缶入りクリームなどの製品が売られているほか、予約制のエステも。ドイツでしか手に入らない製品は、日本へのお土産にもいいかもしれませんね。

17 | Januar

1月17日

冬は寒さよりも暗さがつらい

　冬の訪れが毎年恐怖でした。日中でも太陽の光が降り注ぐことは少なく、どんよりとした灰色の日々が続きます。気づくと毎朝いつまでも布団から出られなくなり、午後になっても何もする気が起きない、そして一歩も外に出ないうちに15時過ぎには暗くなり罪悪感にさいなまれる……。天気がこんなにも人の心を支配するなんて、日本にいたときは知りませんでした。

　「冬季うつ」という言葉を聞いたのは、ドイツで暮らし始めて何年か経ったときです。日照時間が短くなることで脳内の神経伝達物質に影響を及ぼし、その結果無気力になったりするというもので、日本でも日照時間が短い地域で見られます。11月下旬からクリスマスマーケット→239/365 が始まればまだ気が紛れるのですが、その前後は心なしか人々の顔も険しく見えます。できるだけ人と会ったり、体を動かしたりしながら、ひたすら春を待ちわびるのです。

18 | Januar

1月18日

お米のデザート、ミルヒライス

　ドイツには白米を牛乳で甘く炊いた、ミルヒライスというデザートがあります。はじめて知ったときはあまり食欲をそそられませんでしたが、実際に試してみると案外悪くもありません。柔らかさの中にちょっとだけ芯を感じる食感で、おやつや朝食にもぴったりです。仕上げにシナモンパウダーを振りかけたり、ベリー類を添えたりすれば見た目もおしゃれに。家で簡単に調理できますが市販の商品もあり、ヨーグルトやプリンなどと一緒に並んでいます。

　ミルヒライスに使われるお米は日本米と同様に粒が短いお米で、ミルヒライスという名称で売られています。ドイツではデザート用のお米ですが、ドイツに住む日本人は普通に炊いている人も多いです。日本のお米に比べると粘り気にはやや欠けますが、炊いてもおいしくいただけますし、なによりヨーロッパ産日本品種のお米よりも格段に安い！　自炊生活者の味方でもあるのです。

19 | Januar

1月19日

国民的キャラクターその② ザントメンヒェン

　マウス→197/365 と並んで有名なのが、やはりテレビ番組『Unser Sandmännchen（私たちの砂男ちゃん）』の主人公「ザントメンヒェン」。このキャラクターは「砂男」という伝説がモデルです。砂男は老人の姿をした妖精で、夜になると砂をまいて人々を眠らせるので、一見年齢・性別不詳なザントメンヒェンは、じつは老人ということになります。確かによく見れば白髪と白いヒゲがあるので、老人なのでしょうね。私はてっきり子どもだとばかり思っていました。東西ドイツ分断時代→186/365、ザントメンヒェンが主人公の番組は東西両国にありました。でもキャラデザインは違い、現在放送されているのは旧東ドイツのもの。旧西ドイツのキャラはなんというか、かわいくないのです。東西ドイツ再統一後は旧東ドイツのものに一本化されたわけですが、もしそれがかわいさ故のことだとしたら「かわいい」という感覚→101/365 について、ドイツ人ともわかり合える気がします。

20 | Januar

1月20日

いまも残るタイルストーブ

　セントラルヒーティングが普及する以前は、タイルストーブが活躍していました。大きなものでは天井まで届くほどの高さがあり、タイル表面に絵が描かれたものや、凝ったレリーフが施された高価な品もあります。こうしたタイルストーブは一般住宅ではずいぶん少なくなりましたが、それでもまだ残っています。もう20年ほど前の話ですが、友人宅には当時セントラルヒーティングはなく、タイルストーブを使っていました。ストーブ中央の扉を開けて石炭を入れて燃やし、再び扉を閉めると、中の熱がタイル越しに広がって、部屋がじんわりと暖まりました。友人は「タイルストーブは暖まるのに時間がかかって不便だけど、なんとなく空気が柔らかい気がする」と話していました。タイルストーブは、環境面や健康面から使用条件が厳しく規定されています。セントラルヒーティングのほうがはるかに手軽ですが、タイルストーブを手放したくない気持ちもわからなくはありません。

21 | Januar

1月21日

ラーメン旋風

　ラーメンはベルリンでも大人気。熱いものをすする（正確には、すするのは難しいので少しずつ食べる感じです）のは苦手な人が多いと思っていましたが、いまも新規オープンが続いています。スープはしょうゆ、塩、味噌、とんこつなど日本と変わらぬバリエーション。ベジタリアンやヴィーガン→48/365、宗教上の理由で食材に制限がある人が少なくないので、ヴィーガンラーメンもメニューに載っています。お味は……お店によって差が大きいというのが正直なところでしょうか。日本から進出したラーメン店は少数派で、主流はドイツで開業した個人店。写真はベルリンにある日本人店主の Alata Ramen（アラタラーメン）の一杯です。一般的に、オーナーや料理人は日本人とは限らず、ベルリンではベトナム人のお店もあります。

　そういえば以前、スープを飲み干し、麺を残して立ち去る人を見ました。なるほどそういう食べ方もあるのか、と新鮮な思いでした。

22 | Januar

1月22日

グルテンフリー

　パン→43/365、ケーキ→67/365、パスタ、ピザ。これらはドイツの日常食で、たいてい小麦が使われています。小麦粉に水を加えてこねるとグルテンが生まれますが、このグルテンを摂ることで小腸の粘膜が変化して栄養吸収に問題が出る、セリアック病という病気が存在します。この病気は日本ではまれだそうですが、ヨーロッパでは日本よりも患者が多いとのことで、グルテンフリー商品を見かけます。スーパーにはパンやケーキ用の粉やパスタが並び、カフェではグルテンフリーマフィンなどが売られています。まるでブームのように思えますが、グルテンを摂取しても大丈夫な人がグルテンフリー生活をする必要はないと、ドイツのメディアは伝えています。

　なお、グルテンフリー商品と表示するにはEU基準をクリアしなければなりませんが、この基準はセリアック病患者を対象としており、日本の小麦アレルギー表示とは別の内容なので注意が必要です。

23 | Januar

1月23日

歴史ある巨大物産展

　毎年1月下旬にベルリンのメッセ会場で開催される「グリューネ・ヴォッヘ」。直訳するとグリーン・ウィークで、食品・農業・造園分野がひとつになった巨大見本市です。通常は見本市にはビジネス関係者しか入れませんが、ここは一般の入場が可能。1926年から始まった歴史のある見本市なので、年始の行事として楽しみにしている人もいます。多くの人のお目当ては食品エリア。ドイツ各州と世界各国の企業や団体が出展する、超巨大物産展といえばイメージしやすいでしょうか。バイエルン州エリアはまるでビアガーデンのよう、イタリアエリアは生ハムやジェラートブースに人だかり。そのほか音楽やダンスショーあり、料理デモンストレーションありで、会場はお祭りムード。飲食を楽しむだけでなく、ちょっとした旅気分も味わえます。入場料を払った上に飲食代もかかるのですから決して安くはありませんが、毎年心待ちにしている人がいるというのもなずけます。

24 | Januar

1月24日

ドイツのポテサラ

ジャガイモ→189/365 の国・ドイツなのだから当然ポテトサラダもあるはず、と思われますよね？ はい、あるにはあるのですが、日本で見かけるものとはかなり違います。

ドイツでポテサラに当たるのは Kartoffelsalat（カルトッフェルザラート）で、直訳すればジャガイモサラダです。茹でてスライスしたジャガイモとみじん切りにしたタマネギを、温かいうちにコンソメ、オイル、ヴィネガーをベースにしたドレッシングで和え、アサツキなどを散らしたものです。好みや地域によって、みじん切りにしたピクルスやマヨネーズを加えることもあります。

カルトッフェルザラートはどの家庭でも作る定番料理で、持ち寄りパーティーをすると必ず誰かひとりは持参するもの。シンプルな味つけなので、ジャガイモ本来のおいしさが引き立ちます。日本のポテサラとドイツのカルトッフェルザラート、私はどちらも大好きです。

25 | Januar

1月25日

A（アー）はアントンのアー

　ドイツに住んで3ヵ月ぐらいのころの話です。拙いドイツ語で四苦八苦しながら電話で会話をしていたら、相手が突然「アントン、ウルリヒ、グスタフ、ウルリヒ……」と、呪文のような言葉を発したのです。なんのことなのかさっぱりわからないながら、とにかく相手の言葉をカタカナで必死にメモしました。
「今日電話でわけのわからないことを言われたんだけど……」と、当時のWG→307/365のシェアメイトに話したところ、それは電話口でアルファベットを間違いなく伝えるための言い方だと教わったのです。

　日本で「朝日のあ」と説明するように、ドイツでは「A（アー）はアントンのアー」と伝えます。AからZまですべてのアルファベットにそれぞれついている言葉は、アントンのように男性の人名が多いのですが、近年はジェンダーや多様性を考慮して、人名から地名へと変わろうとしているところです。

26 | Januar

1月26日

掃除を外注したいけれど

　ドイツの家事は料理には手間をかけませんが、掃除は重視しています。掃除の日を決めて全員できれいにする家庭やWG → 307/365 も珍しくありません。傾向としてドイツ人はきれい好きだと思います。

　掃除を外注している家庭もあります。大掃除のときではなく、週1回など定期的に掃除人が家に来る場合が多く、ドイツ経済研究所によると、2017年では全体の8.1％に当たる330万世帯が外注しているとか。思ったよりも少ないと感じましたが、私の周囲では「外注をしたいけど、信頼できる人を見つけるのが大変」という声も聞くので、頼みたくても難しい現実があるのかもしれません。また、掃除人は会社に属さないフリーランスも多く、中には収入を申告しないケースもあって、以前から問題視されています。ただ、近年は明確な料金で掃除人を探せるオンラインプラットフォームがいくつも登場しているので、この状況も変化していくかもしれません。

27 | Januar

1月27日

屋内市場

　青空市場 →86/365 があるのだから、屋内市場もあると思いますよね？ はい、いくつかあります。中でもシュトゥットガルトの屋内市場は品ぞろえが充実していて建物も美しく、一見の価値があります。

　ベルリンにも数ヵ所存在しています。行政当局によってベルリンに計14の屋内市場が建てられたのは19世紀後半のこと。産業革命でベルリンの人口が増えた時期で、衛生的に食料を供給する必要性が生じたからでした。その後戦火を逃れて残った建物は、現在文化財として保護されています。その中でいまも市場として現役のところは2ヵ所ありますが、純粋な市場というよりはフードコートやイベントスペース的な色彩が強くなっています。そのほかスーパーマーケットに変身したのが1ヵ所。建物が新しく建て替わり、引き続き市場として営業している場所が1ヵ所あります。ベルリンの屋内市場は買いものよりも、歴史的な雰囲気を楽しむ場所ではないかと思います。

28 | Januar

1月28日

ベルリンで出会った人々

　外国で暮らすと、それまで知り合う可能性のなかった人々と出会います。私はベルリンにいたのでドイツ人とも知り合いましたが、自分の中で大きな経験となったのは、現地在住の中国人女性たちとの出会いでした。行きつけだった中国人の鍼の先生が、運動不足の私を中国民族舞踊グループに誘ってくれたのです。メンバーは十数人の女性で全員が中国人。それまでの私には、過去の歴史的側面から中国に対してどこか申し訳ない気持ちがあり、舞踊グループに入った当初はどう接していいのか戸惑いました。でもメンバーの女性たちはまったく気にせず、ドイツ語でどんどん話しかけてくるのです。いつしか私もニュートラルに彼女たちに接し、見様見真似で振りつけを覚えて一緒に踊るようになりました。外国に住んで知り合うのは、その国の人だけでなく、さまざまな国籍とバックボーンを持った人々。そうした出会いは、自分の世界を大きく広げてくれると思います。

29 | Januar

1月29日

ラクリッツ赤道とは

　もしお手元にドイツの地図があれば見てください。スマホで検索してもいいです。地図が出たらマイン川を探してください。南北の真ん中ぐらいを横切る川です。それがドイツの「ラクリッツ赤道」です。

　「え、なんのこと？」と思われますよね。じつはマイン川を境に、南北で文化や食の嗜好が大きく違うのです。

　それを端的に示すのがラクリッツの売れ行きです。ラクリッツとはスペインカンゾウを使った真っ黒いお菓子で、漢方薬のような甘苦い味と匂いが特徴です。日本人でこれを好きな人はごく少数だと思いますが、ドイツでも地域によってはっきりと売れ行きが分かれます。その境界が、マイン川の位置とほぼ重なる「ラクリッツ赤道」。これより北はラクリッツが売れ、南では人気がありません。また、白ソーセージ →168/365 もマイン川を境に消費量が異なるので、「白ソーセージ赤道」とも呼ばれています。南は消費が多く、北は少なめです。

30 | Januar

1月30日

アジア食品店はアジア料理大使

　ドイツで自炊生活をする上で、心強い存在がアジア食品店。生鮮食品から調味料、調理道具など、銘柄にこだわらなければひと通りのものが手に入ります。私は、日本でしか入手できない保存のきく調味料は日本から持参し、乾麺など消費量が多いものはドイツのアジア食品店で購入します。日本食品店ではなくアジア食品店なので、日本以外のアジアの食材もいろいろ。日本でエスニック食品店に入ると似たような匂いがして、気分は一気にベルリンにトリップします。

　アジア食品店で買いものをするのは、アジア人だけではありません。ドイツではアジア料理はヘルシーというイメージがあり、レストランやテイクアウトを通してすっかり定着しているので、自分で作るドイツ人も多いのです。私が店頭で商品を選んでいると、たまに「これはどうやって使うんですか」と聞かれることも。ドイツでアジア料理ファンを増やしている、アジア食品店の功績は大きいと思います。

31 | Januar

1月31日

都市化を支えた給水塔

　ベルリン市内のところどころに立っている、レンガ造りの古い塔。塔好きの私にはとても気になる存在でしたが、それがなんなのかよくわかっていませんでした。ところがひとたび調べ出すと、これが本当におもしろいんです。この塔は給水塔で、塔の上部にある貯水タンクから管を通して水を送ることで、集合住宅の高い階にも安定して水を供給する役割を果たしていました。給水塔は、ベルリンの人口が拡大し始め、上下水道の整備が始まった19世紀後半から各地域で建てられ、周囲の住宅に水を供給していたほか、工場や鉄道駅などにも専用のものが造られました。塔の中は、上部にある給水タンクと水が流れる管がある以外は普通の空間で、住居として利用されている例もあります。技術が発達した現代では、給水塔はもう必要ありませんが、都市化とともに歩んできた給水塔は歴史の証人としていまも保存され、さまざまな用途に使われています。

1 | Februar

2月1日

生活の基礎を教わったフラットシェア

　3〜4部屋ある間取りのフラット（アパート）を数人でシェアして住むフラットシェア。ドイツ語では Wohngemeinschaft（ヴォーンゲマインシャフト）、略して WG（ヴェーゲー）といいます。ワンルームの賃貸物件が少ないことと、家賃が手頃になることから、WG を選ぶ人は大勢います。物件情報はインターネットや口コミで探します。

　私もドイツに渡ってからの数年で 2 回の WG を経験しました。最初はドイツ人女性・日本人男性と 3 人で。2 回目はドイツ人女性との 2 人暮らし。いずれもそれぞれに個室を持ち、ダイニングキッチンとバスルームは共用するスタイルでした。実際に共同生活をしてみて本当によかったと思います。とにかくわからないことだらけのドイツ生活で、同居人に何度助けられたことか。タイミングが合えば一緒に食事をしたり、遊びに行ったりもしました。WG は私にドイツ生活の基盤をもたらしてくれました。

2 | Februar

2月2日

春を待ちわびるチューリップ、ですが

　2月に入ると、お店や市場にチューリップが登場します。店頭の花器は白、赤、ピンクなど、明るい色であふれます。まだまだ灰色の空が続く時期にきれいな色のチューリップを飾ると、部屋も気持ちも明るくなるので、ときどき買い求めていました。たいていは10本ほどが束になって売られているので、リビングやキッチンに数本ずつ分けて花瓶やワインボトルに挿します。

　ところが、この時期のチューリップを買うのは止めたほうがいい、という記事を読んで考えさせられています。冬に出荷されるものは温室栽培されているので、多大なエネルギーが必要になるのが理由のひとつ。2つ目の理由は、多くのチューリップがオランダから輸入されることで、輸送にもエネルギーがかかっていること。元気を与えてくれる冬のチューリップはほしいけれど、そのために環境に負荷をかけたくはない。さて、どうしたものでしょう。

3 | Februar

2月3日

東ドイツの理想に合ったプラッテンバウ

　団地鑑賞が好きな人なら、思わず「これぞ団地！」と叫びたくなるような、大きな集合住宅がズラーッと並んだ光景を、東西ドイツ分断時代→186/365の旧東ドイツや旧東ベルリン地域で特によく見かけます。これは Plattenbau（プラッテンバウ）というプレハブ建築です。プラッテンはパネル、バウは建築を意味するように、壁や天井などの部材を規格化して工場で生産し、それを現場で組み立てる工法で、低コストかつ短期間で大量生産できる点がメリットです。1925年からフランクフルト・アム・マイン（東西ドイツ分断時代は西ドイツ）で始まった集合住宅計画などで採用されましたが、好まれたのは第二次世界大戦後の東ドイツにおいてでした。社会主義国だった東ドイツは、人間らしく暮らせる住宅を国民に与えるという理想から、当時改修されずに古びていたアルトバウ→26/365に代わる住宅として、多数のプラッテンバウを建てました。いまも多くが現役の住宅です。

4 | Februar

2月4日

全裸混浴のサウナで整う

　サウナは通年営業している場合もありますが、真価を発揮するのは圧倒的に冬です。ひとたびサウナで体の芯から温まれば、凍えるような外気温でもへっちゃら。北風でもなんでも来い！ という謎の無敵気分を味わえます。

　ドイツのサウナは全裸で男女混浴が基本。そう聞くと勇気が必要かもしれませんが、一度体験してみると意外と平気ではないかと思います。裸があたり前の場であり、ドイツ人はサウナに慣れているのでFKK → 107/365 と同じく、そこにエロスの匂いを感じたことはありません。私は異性の友だちと行くのは無理ですが、見知らぬ異性がいても気になりませんし、相手もこちらを気にしていないでしょう。サウナによっては女性専用の曜日や時間帯を設けていることもあるので、女性ひとりで行くときはそうした機会を利用するのも手です。寒い日に、サウナで整って無敵状態になりませんか。

5 | Februar

2月5日

ドイツパンの地域性

　種類が豊富なドイツパン→43/365 は、地方色も豊か。大まかな傾向としては、冷涼な北部ではライ麦パンが中心で南部は小麦のパンが多いのですが、もちろん小麦パン・ライ麦パンのどちらもあります。地域性が特に表れるのが小型パンだと思います。たとえばドイツ南部で小麦の小型パンといえば、写真右上のKaisersemmel（カイザーゼンメル）ですが、ベルリンが位置する北東部では、写真下のような表面に1本切れ込みが入ったSchrippe（シュリッペ）です。日本でもおなじみのBrezel（ブレーツェル）は、写真左上のように紐状の生地がどこもほぼ同じ太さのドイツ南東部のバイエルン地方風や、両端をキュッと細くした南西部のシュヴァーベン地方風など、細かい違いがあります。以前取材したパン店チェーンは「パンは地域性が大きいから、うちは南西部でしか展開しないんです」と話していました。全国どこでも買えるようになる一方で、地域性も根強く存在しています。

6 | Februar

2月6日

市庁舎の地下は美食の世界

　ドイツ国内を旅行して、さてどこで食事をしようかなと迷ったときに、市庁舎に向かうことがあります。別にそこで食事の場所を質問するわけではありません。市庁舎の地下は Ratskeller（ラーツケラー）といって、誰もが入れるドイツ料理レストランであることが多いのです。私はひとりでの旅行や出張が多いのですが、そんなときに頼りになるのが、ラーツケラーのランチタイム。おひとり様も入りやすく、手頃な値段でちゃんとしたドイツ料理をしっかり味わえます。また、市庁舎の建物は歴史が古くて趣があるので、雰囲気も抜群です。

　これまで行った中で特に印象深かったのは、ブレーメンのラーツケラーでしょうか。600年以上の歴史がある立派な市庁舎の地下で料理を味わえたのは最高でした。ベルリンではシェーネベルク区やケーペニック区の庁舎にあります。ライニケンドルフ区のラーツケラーは中華料理という変わり種です。

7 | Februar

2月7日

鼻をかむときは音を立てて

　人前で鼻をかむのは恥ずかしいという気持ちがありました。鼻水が出ると目立たないようにそっと拭ったりと、苦心したものです。ところがドイツに来たら、その意識が根本から覆されることに。人と話しているときでも目の前でティッシュを取り出し、ブーッと派手な音をたてて鼻をかんでいるのです。老若男女がそうしているので、いつしか私もまったく気にせずに同じことをするようになりました。「鼻水をそのままにしておくのは不快でよくない。きちんとかんで、すっきりしたほうがよい」という考え方のようで、音を出して鼻をかむのは全然マナー違反ではありません。逆に、マナー違反となるのは鼻をすする行為。このズルズルという音は、本当に嫌がられます。場合によっては注意されるかもしれません。

　ちなみにドイツのポケットティッシュは、4枚重ねでしっかりとした丈夫な質感。ブーッとかんでも大丈夫な頼もしさです。

8 | Februar

2月8日

食後は家族でボードゲーム

　ドイツ人はボードゲームが大好き。子どもがいるお宅に行くと、必ずといっていいほどボードゲームの箱がいくつも積まれていますし、専門家が選定する賞やファン投票で決まる賞など、複数のボードゲーム年間大賞があるほど、ドイツでは「熱い」のです。

　私がかつて短期ホームステイをしたお宅では、火を使わない簡単な夕食→76/365 を済ませたあと、いそいそとボードゲームの箱を取り出して家族みんなで遊んでいました。難易度はゲームによってさまざまでしたが、私は常にそのお宅の就学前の子どもに負けていました。正直なところ、私にとってボードゲームは「頭を使わなくてはならない面倒なもの」なのですが、彼らにとってはそこが楽しいようです。ドイツ人は傾向として論理的思考力が高いと感じていますが、それはボードゲームによって鍛えられているのかもしれないと、毎晩のようにボード上のコマを動かす子どもたちの姿を見て思いました。

9 | Februar

2月9日

ニシンは身近な魚

　新鮮な魚が入手しにくいドイツで、燻製→216/365 と並んでポピュラーなのが塩漬けニシンです。中世の時代、塩漬けニシンはドイツ北部のリューベックを大きく繁栄させました。バルト海→346/365 で穫れたニシンを、ドイツ北部・リューネブルク産の塩で漬けたもので貿易して栄えたのです。いまでは塩漬だけでなく、酢漬け、オイル漬け、クリームソース和え、燻製などに加工された商品がスーパーにたくさん並んでいます。缶詰や瓶入り製品は日持ちがするので、常備食としても適しています。長い歴史があるニシンですから、レシピもいろいろ。ピクルスを酢漬けニシンで巻いた「ロールモップス」は、二日酔い時の朝食としても知られています。塩漬けの若いニシンは、パンにはさんだり、リンゴやさらしたタマネギと合わせてサラダにしたり。ビーツやゆで卵、酢漬けニシンなどをみじん切りにして層状に重ねた「毛皮のコートを着たニシン」というロシア料理もおなじみです。

10 | Februar

2月10日

アムゼルで目覚める朝

　日が長くなり、光に強さを感じるようになる2月。たとえ気温は低くても、春の訪れが間もなくであるとわかります。この時期は、小鳥たちも求愛のために活動を始めるとき。中庭の木の梢や屋根に止まっている小鳥のさえずりで目覚めます。美しい声を持つ小鳥はたくさんいますが、中でも目立つのがアムゼルです。日本語ではクロウタドリと呼ばれているこの鳥は、透明感のある伸びやかな声で延々と歌うので、はじめて聞いたときに一瞬で虜になりました。歌声を聞いているだけで、しあわせホルモンがあふれ出てくるようです。

　アムゼルは庭や公園など、人間に身近な場所に通年生息しています。オスは全身真っ黒で、目の周りとくちばしが鮮やかな黄色、メスは茶色です。歌うのはオスで、求愛と縄張りのため。ですから、繁殖が終わる夏ごろには、もう歌声は聞けなくなります。早くまた歌を聞かせてね、とアムゼルを見かけるたびに心の中でつぶやきます。

11 | Februar

2月11日

酒場の灯火よ、いつまでも

　ベルリン生活が長くなるにつれ、気になるものが増えていきました。そのひとつが酒場です。ドイツ語で Kneipe（クナイペ）あるいは、しばしば角地にあるので角という言葉をつけて Eckkneipe（エックナイペ）といいます。おしゃれなバーとは違う、日本のスナックに近い雰囲気で、一見の客が入るにはなかなか勇気がいりますが、いったん会話が始まってしまえば、そこは意外にも心地いい世界。もっと探求したくなった私は、酒場探検と称して次々と店を発掘し始めました。

　クナイペの魅力はたくさんあります。店の人や常連客と世間話をしたり、昔の話を聞かせてもらったり。レトロなインテリアもたまりません。白いレースのカーテンや、ステンドグラスでできたティファニーランプがある店内は、昭和の純喫茶か、おばあちゃんの家のよう。でも、酒場のオーナーもお客も高齢化し、歴史のある店は減っていくばかり。文化財として保護してほしいと、半ば真剣に思っています。

12 | Februar

2月12日

カーニバルは5番目の季節

　毎年11月11日に始まり、2月または3月の「灰の水曜日」で終わるカーニバルは「5番目の季節」と呼ばれています。ハイライトは最後の1週間で、パレードやパーティーで町は大にぎわい。カーニバルのルーツは、冬を追い払う古来の風習やカトリックにおける断食期間前に楽しもうという考えで、特に有名なのがドイツ西部に位置するケルン、デュッセルドルフ、マインツなどのラインラント地方と、ドイツ南西部の黒い森地方のもの。2つの地方では個性が異なり、ラインラント地方では派手な仮装で羽目を外しますが、黒い森地方では上の写真のような不気味な仮面をかぶります。私がかつてお世話になったケルンのホストファミリー宅をカーニバルのパレードの日に訪ねたら、「町に行くなら仮装しなきゃ」と、どこからか取り出してきた水兵コスチュームとフェイスペインティングで送り出されました。5番目の季節のために生きている、そんな人たちが大勢います。

13 | Februar

2月13日

愛しのメリタの食器

　メリタの食器との出合いは、ベルリンのフリーマーケット→144/365でした。ペパーミントグリーンをしたティーカップの色と形にひと目ぼれ。その後も、フリマでかわいいと思って手に取った品には、たいてい底にメリタのロゴが刻まれていました。

　メリタは、メリタ・ベンツがペーパードリップによるコーヒーのいれ方を発明したことから1908年に創業されたドイツの会社で、コーヒーメーカーとコーヒー豆で知られています。1952年にはグループ企業として「フリースラント磁器」という会社ができ、ここがメリタブランドの食器類を生産していました。

　私が最初に出合ったカップは「ミンデン」シリーズで、イエローやピンクなどのパステルカラーが特徴です。写真にある銀色の保温カバーつきポットもメリタ製で大切なもの。これらの品は1950年代から60年代の製品で、この時代の優しいデザインが大好きです。

14 | Februar

2月14日

バレンタインデーに何をする？

　2月14日はドイツでもバレンタインデー。しかし、その内容は日本とはだいぶ違います。ドイツではカップルのための日で、男性が女性にプレゼントを贈ったり、2人でレストランに行ったりする日。バレンタイン商戦もあるにはありますが、日本のような盛り上がりは見られず、特に何もしないカップルも珍しくありません。シングルの女性が意中の人にチョコレートを贈って告白するという発想はまったくなく、もちろん義理チョコなるものも存在せず、正直なところ私はこの日を意識したことすらありませんでした。

　バレンタインデーのプレゼントの王道は、男性から女性へ贈る花束。特に赤いバラの花束が好まれるようです。そのほかチョコレートやアクセサリーなどで、女性が男性にチョコレートを贈ることもあります。いずれにせよ、高価なプレゼントはあまりしないのがドイツらしいでしょうか。

15 | Februar

2月15日

白と黒の間

「ja(ヤー＝はい)なの、nein(ナイン＝いいえ)なの？」

返事に詰まっていると、こう言われることがあります。でも、そう簡単に答えられないときもありますよね。そんなときにちょうどいい言葉が「jein(ヤイン)」です。文字通り「ヤー」と「ナイン」を合体させた言葉で、肯定でもあるし否定でもあることを意味します。

ドイツ人は傾向として白黒をはっきりつけたがり、一度白と決めたら白、黒なら黒で突き進むところがあると思っていますが、ヤインという言葉が存在するということは、グレーもあるということ。それがおもしろいと感じます。世の中には白と黒の間に無数のグレーの濃淡があり、たいていのことは濃淡の具合で落ち着くと考えている私には、ヤインという言葉は便利です。とはいえ、実際には深刻な話題に使われるというよりも、「○○したい？」といった気軽な質問に対して発することが多い気がします。

16 | Februar

2月16日

キッチンの薬局棚って？

　ドイツのキッチンでときどき見かけるのがApothekerschrank（アポテーカーシュランク）。訳すと「薬局棚」です。幅が狭く、奥行きがあるスペースを有効活用できる引き出し状の棚で、表面の取っ手を手前に引き出すと収納スペースが現れます。薬局では多くの薬類を管理できるよう細々とした仕切りのある棚が必要だったことからこう名づけられ、時代とともに変化してキッチンに取り入れられたようです。確かに、キッチンの薬局棚に収納された調味料やスパイス類は、どこに何があるのかが一目瞭然。普通の棚だと奥に入ったものがそのまま忘れ去られてしまいがちですが、これならそんな心配もなく、取り出すのも簡単です。

　薬局棚はキッチンスペースに応じて、高さや奥行きにバリエーションがあります。ただし、大きな棚にあまりにもたくさん入れると重すぎて手前に引き出せなくなるので、収納はほどほどに。

17 | Februar

2月17日

ドラッグストアオリジナルのナチュラルコスメ

　自分の肌に合うスキンケア商品を見つけるのは、意外に難しいものかもしれません。合わないものをつけると赤くなったりかぶれたり。できるだけ肌に優しく、ナチュラルなものを選びたいと願うものだと思います。ドイツは自然派化粧品の歴史が長く、ヴェレダやDr.ハウシュカといった人気ブランドの本場。日本で買うよりも手頃な価格で手に入ります。オーガニックショップでは、そのほかのナチュラルコスメブランドの製品もたくさん売られています。

　私のお気に入りはドラッグストア→47/365のオリジナル製品。dm（デーエム）ならalverde（アルヴェルデ）、Rossmann（ロスマン）ならAlterra（アルテラ）がそれに当たります。ナチュラルなのにお手頃なプチプラ商品で、使い心地もグッド。特にAlterraのオーガニックカモミールリップクリームは無香料でツヤ・伸びがちょうどよく、もうこれ以外は使えないと思うほど。常にストックしています。

18 | Februar

2月18日

ベルリン国際映画祭「ベルリナーレ」

　2月になると、なんとなくベルリンの町全体がソワソワとした雰囲気に包まれるのは、毎年この時期にベルリン国際映画祭「Berlinale（ベルリナーレ）」が開催されるから。カンヌ、ヴェネツィアと並ぶ世界三大映画祭のひとつで、コンペティション部門以外にも多くの部門があり、多彩な作品がエントリーされます。作品は一般公開されるので、開催が近づくと上映作品についての話題で持ちきりに。中でも人気なのがプレミア上映です。監督や主演俳優が訪れている作品では、プレミア上映後に観客との質疑応答の場が設けられていることもあるのです。私も日本の作品のプレミア上映に数回行きましたが、監督と観客のやり取りを聞くのはとても刺激的でした。スターをひと目見たいなら、メイン会場の「ベルリナーレ・パラスト」へ行きましょう。最も寒い時期に、肌を露出したドレスでにこやかにレッドカーペットを歩くスターたちを見ると、スターである所以を感じます。

19 | Februar

2月19日

マジパンはドイツ版練り切り？

　マジパンとはアーモンドの粉末と砂糖などから作られたお菓子。ドイツ北部の港町リューベックの名産です。日本ではマジパンというと、デコレーションケーキの上にのったバラの花や人形などが多いのですが、ドイツではケーキ全体をカバーしたり、チョコレートでコーティングしたマジパンのお菓子があったりなど、幅広く使われています。

　子どものころに日本で食べたマジパンはものすごく甘かった記憶がありますが、ドイツのものは甘さ控えめ。しっとりとした口当たりでとてもおいしいのです。柔らかく、どんな形にも細工できるため、マジパン製のジャガイモや動植物、魚などもよく見かけます。その自在さを見ると、まるで和菓子の練り切りのようだと感じます。練り切りとマジパンでは素材が違いますが、何かを表現できる意味では似ているのかもしれません。さまざまな色や形、フレーバーのマジパンは、私の目と口にしあわせをもたらしてくれます。

20 | Februar

2月20日

日光を求める人々

「ドイツ人って、太陽が出るとすぐに外に出るよね。光合成しているみたい」と言った人がいますが、言い得て妙だと感心します。ようやく晴れたある寒い冬の日、カフェのテラス席が太陽に向かって一斉に並び、分厚いコートを着込んだ人々で埋まっている光景に、これぞまさに「光合成」だと思いました。そんな自分も、天気がよかったから外出したわけです。太陽が出たらすかさず外に出ないと、今度はいつ晴れるかわかりません。つらいのは寒さよりも暗さ→292/365 なのです。

実際に、ドイツでは日光不足によってビタミンDが不足しがちになるという話を聞きます。そのためサプリメントを摂取している人も少なくありません。体だけでなく、メンタル面も不安定になりがちです。体も心も健やかにしてくれる太陽は、冬のドイツでは何よりの薬ではないかと思います。

21 | Februar

2月21日

料理はシェアしない

　家族や仲のいい人とレストランに行ったときに「ちょっとひと口食べる?」とお互いの料理を交換し合うのは、日本ならよくあることだと思います。大皿料理をみんなで取り分けて食べることも普通ですよね。こうしたことを、ドイツ人はほとんどやりません。食べるのは自分の前に運ばれた料理だけ。自分の皿は自分だけのものなのです。最近になって、大皿料理を数名でシェアする取り分けスタイルのメニューがおしゃれなレストランで登場し始めていますが、ドイツではなじみがないので、注文時に料理をシェアする旨を説明されます。

　あるとき、中華料理レストランでドイツ人グループが円卓を囲んでいました。「そうか、さすがにドイツ人も中華料理は円卓を回して取り分けるのだな」と思って眺めていたら……めいめいの前に一品料理が置かれ、それぞれが自分の皿の料理を食べ始めたのでした。円卓は微動だにせず、やがて各人の皿が空っぽになりました。

22 | Februar

2月22日

電動ドライバードリル

　これまで一度も電動ドライバードリルを使ったことがないという人は、日本では決して珍しくないと思います。日曜大工が趣味でもなければ、使う機会はたぶんほとんどないですよね。私もそうでした、ドイツで引っ越しをするまでは。

　WG → 307/365 のアパートに入居したときは、住まいのインフラはすでに整った状態でしたし、家具も多少ついていたので、電動ドライバードリルの出番はありませんでした。問題はそのあと。WGを出て、はじめてひとり暮らしを始めたときです。カーテンレール（入居時にはありません）や棚板を壁に取りつけるのは、電動ドライバードリルなしにはできません。友人から借り、使い方を教わりながら、こわごわスイッチをオン。結局自分ではロクなことにならず友人の手を借りましたが、一度手にしてみると次回はできそうな気がしてきます。ドライバードリルを使えれば、ドイツ生活は安泰です、たぶん。

23 | Februar

2月23日

エーリヒ・ケストナー

子どものころ、海外の児童文学が好きでした。見知らぬ遠い国の物語は、存分に空想できて楽しかったのかもしれません。

エーリヒ・ケストナーの本もその中にありました。ケストナーは1899年にドイツのドレスデンに生まれ、1927年にベルリンに移り住んでからは数々の児童文学を執筆して、人気作家となりました。私が特に夢中になったのは『エーミールと探偵たち』『点子ちゃんとアントン』『飛ぶ教室』です。いずれも勇気ある子どもたちが活躍する物語で、おそらく当時の自分の冒険心を満たしてくれたのでしょう。ヴァルター・トリアーの挿絵も魅力的でした。

ケストナーはナチスに抵抗していたため、ナチ政権は彼の本を焼き捨てました。しかし、作品はいまなお世界中で翻訳され、愛されています。それは、彼の作品が時代を超えた普遍的な真理を、子どもだけでなく大人にも問いかける内容であることを証明しています。

24 | Februar

2月24日

移民の背景を持つ人々

　ドイツ連邦統計局では、「移民の背景を持つ人々」という言葉を使っています。具体的には、本人あるいは少なくとも片方の親がドイツ国籍を持たずに生まれた人を意味します。この中には本人または親がいわゆる外国人だけでなく、後天的にドイツ国籍を取得した人や、かつてのドイツ領土から追放された人々とその子孫で国籍を得た人、養子縁組で国籍を取得した人も含みます。ドイツの人口の約4分の1が、こうした移民の背景を持つ人々です。ある日トラム→16/365に乗ったら、車内からドイツ語がまったく聞こえませんでした。かくいう私も外国人で、移民の背景を持つ人々があたり前にいるのを実感します。第二次世界大戦後に労働力不足だった旧東西ドイツは、復興に向けて大勢の外国人労働者を迎え、その後は紛争国などからの難民も受け入れています。もちろん課題は山積していますが、ドイツは移民・難民が社会で自立していけるように模索を続けています。

25 | Februar

2月25日

マッチングアプリ

　あくまでも私の周囲においてですが、30代カップルにお互いが出会ったきっかけを聞くと「マッチングアプリ」という答えがよく返ってきます。私はこれに関して疎いのですが、アプリでのパートナー探しが浸透していることを感じます。ドイツで使われているマッチングアプリは、Tinder、Parship、Badoo、Bumble、ElitePartner など多数あり、単に出会うことが目的のもの、きちんとした交際を求めている人のものなど、アプリによってその傾向が異なります。知り合いの数組は Parship で出会って結婚しているのですが、登録する際にたくさんの質問に答えなければならず、けっこう手間がかかったと聞きました。だからこそ、相性がいい人とマッチングされるのでしょうね。ところで、マッチングアプリの広告は男女が寄り添うような写真が多く使われていましたが、同性同士のバージョンも目にしました。確かにこうしたアプリこそ、多様性が求められそうです。

26 | Februar

2月26日

窓とカーテン

　大都市の中心部の住まいは集合住宅がほとんどなのですが、郊外や小さな町に行くと、愛らしい一軒家やテラスハウスが立ち並んでいます。そんなとき、私が特に気になるのが窓周辺。古い家には鎧戸があり、外壁の色との美しいコントラストに目を奪われます。窓にかかるカーテンも気になるポイントです。下の方だけカフェカーテンがかかっていたり、全体をレースのカーテンで覆っていたり、中央から両開き、または片側に寄せていたりと、幅広いバリエーションがあって見入ってしまいます。不思議というべきか、当然のことなのか、かわいい家にかかっているカーテンは家の外観とぴったり合ったデザインであることが多いです。窓辺を雑貨で飾っている家→337/365 と同じように、道行く人の目を意識してのことなのでしょう。一方で、カーテン不要派の意見もよく聞きます。ベルリンには寝室にもカーテンをかけない人がいますが、集合住宅の4、5階だからかもしれません。

27 | Februar

2月27日

テイクアウトはリユース容器で

　出勤前や移動中に、お店でコーヒーをテイクアウトするのはよくあること。カップは使い捨てなので、飲み終えた容器は当然ながらゴミになります。そこでドイツは、2023年から飲食のテイクアウトを行う一定規模以上の事業者に対して、従来の使い捨て容器に加えて再利用可能な容器の選択肢も入れることを義務づけました。この制度が導入される以前から、2016年にドイツ南部で生まれたRECUP（リカップ）というスタートアップ→119/365が、リユース容器をお店で使うシステムを生み出していました。それは、お客は注文時に保証金を払ってリユース容器「リカップ」でコーヒーをテイクアウトし、リカップ提携飲食店で使用済みカップを返却すれば保証金が戻るというもの。提携店は返却されたリカップを洗浄し再利用しますが、使い捨てよりもコスト的にメリットがあるそうで、現在2万店以上がリカップとフード版リユース容器の「リボウル」を導入しています。

28 | Februar

2月28日

あきらめ半分の宅配便

　日本からドイツへ物品を送ったり、ドイツ国内で通販を利用したりすることを私はできるだけ避けています。これまで面倒な経験をたくさんしてきたので、そんな思いをするくらいなら最初から利用しないほうが穏やかでいられるからです。

　ドイツでは不在時の再配達サービスはありません。荷物はご近所さんなどに預けられます。それは別に構わないのですが、困るのは預け先として不在票に書かれているお宅が間違っていたり、不在票そのものが入っていなかったりすることです。また、在宅しているにもかかわらず、荷物を運ぶのが面倒だからか、勝手に不在扱いにされてしまうこともしばしば。人手不足の背景もありますが、届かないのは困ります。以前は「きめ細やかなサービスなど求めないから、せめて最低限ちゃんと届けてほしい」と憤慨していましたが、やがて日常化して諦念が湧き、それでもたまに怒ってしまう自分がいます。

1 | März

3月1日

地下鉄ホームデザイン②　バイエリッシャー・プラッツ駅

　ベルリンのいくつかの地下鉄駅では、駅周辺を写した昔のモノクロ写真が線路脇の壁面に飾られているのですが、特に充実しているのがBayerischer Platz（バイエリッシャー・プラッツ）駅です。この駅では地下鉄U4線とU7線が交差していて、それぞれにホームがありますが、写真があるのはU4線のほう。1900年代初頭から第二次世界大戦後までの時代を収めたモノクロ写真のパネルが、ホームの端から端までずらりと並んでいて、まるで博物館にいる気分です。被写体は、地下鉄の線路工事の光景や駅名の由来となった広場、空撮された駅周辺や駅構内など。各写真の解説は、ホーム中央にまとまって掲示されています。はじめてこのホームに降りたときは興奮して、「地下鉄の線路って、当時はこうやって造ってたのか」とか「この建物はもうないな」など、写真を鑑賞するためにホームを何度も往復しました。駅周辺を散策して写真と比べてみるのも楽しいです。

2 | März

3月2日

有料トイレと公衆トイレ

　長時間の外出のときに気になるのはトイレです。よほど大きなターミナル駅でない限り、駅にトイレはありませんし、あったとしても有料です。デパートやショッピングセンターも同じく有料で、係の人がトイレの入り口によくいます。

　町なかに公衆トイレはありますが、しょっちゅう見かけるわけではありません。写真は新しいタイプの公衆トイレで内部はひとり用の個室になっており、使用後は便座が自動的に掃除されます。これとは別に、19世紀後半から建てられ始めた昔ながらのクラシックな公衆トイレもまだ残っています。色は同じようなモスグリーンで、上から見ると全体が八角形をしているので、親しみを込めて「八角形カフェ」とも呼ばれています。

　いずれにせよ、トイレは必要なときにすぐに見つかるとは限らないので、機会があるときに早め早めに行くことを心がけています。

3 | März

3月3日

窓辺の装飾

　住宅街を歩いていると、窓辺をきれいに飾った家を目にします。おままごとセットの雑貨や花が窓際に並んでいて、普通の一軒家なのにまるで雑貨屋さんのディスプレイのよう。どんな人が住んでいるんだろう、会ってみたい……と、思わず玄関のドアをノックしたくなります。ドイツには木組みの家→5/365や妻入りの家→68/365など、何世紀にもわたる古い民家がいまも現役で並んでいる町がたくさんあり、さまよううちにおとぎの国に入り込んだ気分になります。かわいい窓辺と出合うのは、そんなとき。古い家への愛着があり、道行く人の目を楽しませたいという、住む人の思いがあるのかもしれません。

　これまで私が訪れた中で特に素敵な窓辺に出合ったのが、ドイツ北部のリューベックとリューネブルク。どちらも中世に貿易で栄えたハンザ同盟と呼ばれる都市連合体に属していたので、当時の繁栄を偲ばせる立派な建物や趣のある古民家が並んでいます。

4 | März

3月4日

物欲から体験欲へ

　ベルリンで暮らして、めっきり物欲がなくなりました。気の利いた品やかわいいお店が少なく、流行にほとんど左右されないような環境なので、特に買いたいものもなくなったのです。それよりも友人とゆっくり語り合ったり、町歩きや旅をしたりするほうがはるかに楽しく、自分にとって大切なことになりました。それはひと言でいうなら、新たな視点と体験を増やすことなのだと思います。さまざまな国籍やバックボーンを持った友人との語らいは、発見に満ちています。町を歩けば、建築や記念碑を通して歴史に触れられます。旅の仕方も変わりました。以前はなんとなく名所を観光していましたが、いまは興味の対象が明確なので、自分なりのテーマを掘り下げて旅するようになりました。こうして新たな体験を重ねることが刺激的で楽しく、私の何よりの財産になっています。どこに住んでいても体験を積み重ね、自分の世界を広げたいと思っています。

5 | März

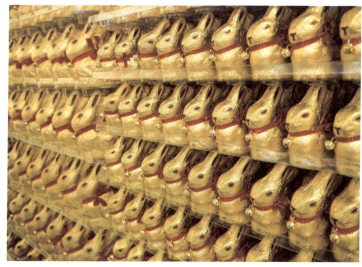

339 / 365

3月5日

イースターのウサギチョコレート

　イースター→1/365 は、クリスマス→269/365 と同様にチョコレートが出回る時期。ずいぶん前からイースター用チョコが登場して「え、もう？ 気が早い」と思うのも、クリスマスと同じです。クリスマスのチョコはサンタクロースをかたどったものですが、イースターではおもに卵とウサギ。特にウサギのチョコが店頭に何十個、何百個もぎっしりと並ぶ様子は圧巻で、クリスマスのサンタチョコより売り上げが大きいのだそうです。たくさんのメーカーがウサギ型の商品を出していますが、私がすぐに思い浮かぶのは、ゴールドの紙に包まれ赤い首輪をした、スイス・リンツ社製のウサギチョコです。

　あまりにたくさん売られているので、巷ではまことしやかに「売れ残ったウサギチョコは溶かされて、サンタチョコに生まれ変わっている」と囁かれたりもしますが、それは事実ではないと報道されています。商品はイースター後に値引きされ、店頭から消えていきます。

6 | März

3月6日

女の子と馬

　馬の絵柄の文房具。おもちゃ。馬の雑誌。マンガ。子ども向け商品には、馬が頻繁に登場します。そして、そのほとんどが女の子向けなのです。「ドイツの女の子は、馬に恋するんですよ」と、あるとき教わりました。なぜか女の子だけが、馬を好きになるそうなのです。

　でもなぜ？　と思いませんか。同じ疑問を抱く人は多いらしく、ちょっと調べるとたくさんの説明が出てきました。心理学者や馬の専門家が言うには、「馬は女の子にとって、コミュニケーションできるパートナー」「馬の世話をすることで自立する」「大きくて強い馬に乗れることで自信がつく」のだそうです。静かで大きく、力強い馬は、成長過程にある女の子を受け止める、包容力のある存在なのかもしれません。ぬいぐるみや犬・猫などの小さなペットからは得られないものを与えてくれるのが馬なのでしょう。ちなみに、男の子が馬を特別視する傾向はないようです。

7 | März

3月7日

地下室

　ドイツの多くの家には一戸建て、集合住宅を問わず、地下室がついています。たいていは物置や作業部屋、洗濯機→355/365 や物干しのスペースになっています。ドイツの家の室内が比較的すっきりと整理整頓されているのは、ふだん使わない家具や季節商品などを地下室に収納できることも理由のひとつだと思います。

　私がこれまでベルリンで住んできた数軒の集合住宅にも、物置用の地下室がありました。物置は世帯ごとに仕切りと扉がついていますが、アルトバウ→26/365 の地下室はレンガの壁がむき出しで薄暗く、ちょっと怖さも感じます。また、ベルリンはもともと湿地帯だったせいか、地下へと続く階段をおりるとジメッとした空気とカビ臭さを感じることも。じつは以前、地下室に置いていたものがカビだらけになってしまったことがあります。それ以来すっかり懲りて、地下室には何も入れなくなりました。

8 | März

3月8日

国際女性デー

　私が国際女性デーの存在を知ったのは、2003年でした。通っていた語学学校の先生が「今日は国際女性デーです」と話したからなのですが、東欧などの旧社会主義国から来ているクラスメイトたちからは、彼らの母国ではおなじみの記念日なのだと聞きました。国連広報センターによれば、20世紀初頭に北米とヨーロッパで現れた労働運動が元になっているそうで、1975年に国連が3月8日を国際女性デーに定めました。

　ドイツでは州によって祝日が異なり、2024年現在で国際女性デーを祝日としているのは、ベルリンとメクレンブルク＝フォアポンメルンの2州です。イタリアではこの日にミモザを贈るそうですが、ドイツでは労働と抗議のシンボルだった赤いカーネーションと結びついていました。しかし、現代ではそれにこだわらず、花店では好きな花をプレゼントするよう勧めています。

9 | März

3月9日

旧東ドイツの巨大彫刻

　旧東ドイツ→186/365 地域では、社会主義時代に造られた彫刻が一部残されています。社会主義の理想を表現した、躍動感や威圧感のある独特の作風が特徴で、思わず見入ってしまうこともしばしば。中でも忘れられないのがケムニッツという町にある、科学的社会主義の創始者であるカール・マルクスの頭像です。ケムニッツは第二次世界大戦後に東ドイツ領となり、「カール・マルクス・シュタット（カール・マルクス・シティ）」と改名されました。1971年に完成したこの頭像は、高さ7.1m、重さ40t、95個のブロンズ製パーツから成り、高さ4.5mの花崗岩製台座に置かれています。その大きさにも圧倒されますが、全身ではなく頭部だけという点も味わい深いです。1990年に都市の名がカール・マルクス・シュタットからケムニッツに戻ったときに、この頭像の存続について議論された結果、残されることに。私のように、この像見たさに訪れる人もきっといると思います。

10 | März

3月10日

通りの名前

　ドイツのほとんどの道路には、名前がつけられています。よくあるのは地名が冠されたもの。たとえば、ベルリン通り、ミュンヘン通り、フランクフルト通りなどです。地名はドイツ国内に限りません。パリ通り、アムステルダム通りのように外国の地名も使われています。もうひとつの典型は人名で、歴史上有名な人物の名前がつけられます。グリム兄弟通り、モーツァルト通り、シラー通りなどがその例です。そのほか、植物・鳥類由来のものや、中央通りのような、どの都市にも見られる通り名もあります。

　人名がついた通り名は時代の価値観を反映している場合が多く、後に変更されることも珍しくありません。旧東ドイツ地域には社会主義時代の政治家の名前がついた通りがありましたが、いまでは別の名称になっているケースも。また、男性の通り名が圧倒的に多いので、最近は女性も増やそうとする動きも出ています。

3月11日

玄関ドアはオートロック

　うっかり鍵を持たずに外出して締め出されてしまった、という経験をした人は少なくないと思います。一戸建ての玄関も、集合住宅のエントランスも各戸のドアもオートロックなので、鍵なしでドアを閉めたら最後、もう中に入ることはできません。私も子ども時代にドイツに住んでいたときに一度やらかしてしまいました。

　同居家族がいたり、鍵を持っている管理人を呼べたりするといいのですが、そうでないときは解錠のプロに電話して依頼することもできます。集合住宅のエントランスドアには、「24時間うかがいます！」と書かれた解錠サービスのステッカーがときどき貼ってあります。

　万一締め出されたときに備えて、私は信頼できる人にスペアキーを渡していました。ドイツのキーホルダーには長くて幅広の紐がついているものが多いのですが、その紐を首からぶら下げている人も見かけます。これなら鍵のうっかり忘れを防げそうです。

12 | März

3月12日

ドイツの海

　ドイツに海のイメージはあまりないかもしれませんが、北東部はバルト海に、北西部は北海に面しています。どちらの海も南国の明るい青とは違う、透明な冷たい青をしています。実際に水は冷たく、足元まで浸かるぐらいで私にはもう十分。たとえ真夏でもバシャバシャ泳ぐというよりは、浜辺でシュトラントコルプ→116/365に腰かけながらゆったりと過ごすのが、ドイツの海水浴だと思います。また、北海沿岸部はワッデン海と呼ばれる干潟で、希少な生物の生息地となっており、自然観察も楽しめます。

　バルト海にはドイツ最大の島であるリューゲン島が、北海にはドイツ最北のズィルト島が浮かんでいて、いずれも人気のリゾート地。ですから私は真夏を避けて、春か秋に訪れることにしています。ほどよくまばらに人がいる海辺を歩くと本当にいい気持ち。刻々と変わる海の表情を眺めていると、それだけで1日が過ぎていきます。

13 | März

3月13日

ヘーゼルナッツとココアの黄金ハーモニー

　「hanuta（ハヌータ）」というお菓子を知ったのは、私が旧西ドイツに住んでいた小学6年生のときでした。ヘーゼルナッツ入りココアクリームをウエハースでサンドしたもので、いまでもスーパーマーケットには必ずある、定番中の定番です。このお菓子がこれほど愛されているのは、ヘーゼルナッツとココアのハーモニーにあると思っています。この組み合わせはハヌータだけではありません。たとえば、「ヌテラ」に代表されるココア入りスプレッド。これにはヘーゼルナッツが入っており、ヌテラの類似品もたくさん出ています。クロワッサンやクッキー、チョコレートのフィリングとしても人気です。現在あるヘーゼルナッツ入りスプレッドは、イタリアの菓子メーカー・フェレロの創業者であるピエトロ・フェレロによる発明とされています。そういえば、ハヌータもヌテラもフェレロ社の商品。イタリアからやって来た味は、いまではすっかりドイツに定着しています。

14 | März

3月14日

年1回の光熱費精算

　ドイツ人女性と日本人男性と共にWG→307/365をしていたある日、電力会社からの手紙を手にした同居人のドイツ人女性が、「私たちはエネルギーも水も使い過ぎた」と話し出しました。光熱費と水道代がかさんで高額な料金を追加で払わないといけないそうなのです。

　毎月の光熱費は日本のように前月の使用分だけ払うのではなく、前年の使用量に準じた額を月々払っていくシステムです。毎月定額な点はいいのですが、怖いのは年に1回の検針のあと。実際の使用量が月額分よりも少なかった場合は差額が返金されますが、多かったら不足金を払わなくてはなりません。1年分ともなれば額もかさみます。ベルリンでWGを始めたころはそんな仕組みも知らずに、日本の感覚で毎日バスタブにお湯をため、暖房をガンガンつけていたのでした。不足金はみんなで頭割りしてなんとか支払ったものの、それ以来恐ろしくて暖房も水もちまちまとしか使えなくなりました。

15 | März

3月15日

「ありがとう」をまめに言う

(扉を開けていてくれた人→271/365 に対して)
「Danke(ダンケ=ありがとう)」
(カフェで)
「スープです。どうぞ召し上がれ」
「ダンケ」
(食べ終わって)
「おいしかったですか?」
「おいしかったです、ダンケ」

　気づいたら「ダンケ」と頻繁に発するようになりました。その言葉を聞く機会が多いので、自然と口をついて出るのです。友だちや知り合いに言うときは、「ダンケ」のあとに名前もつけます。小さな出来事も「ダンケ」と言えば、お互いにいい気分。小さな笑顔が広がる、「ダンケ」は魔法の言葉です。

16 | März

3月16日

映画館に行くときに

　たとえ現代ではサブスクで映画を観られるとしても、映画館で席に座って鑑賞するのはまったく別の経験だと思います。館内が暗くなって、作品の上映が始まるときのあのワクワク感は、やっぱり映画館だからこそ。ときには、個性的なミニシアターに入ること自体を目的に訪れることもあります。入場料は映画館や作品などによって異なりますが、だいたい十数ユーロぐらい。映画館によっては割引デーを設けているので、その日を狙うのもいいと思います。

　ドイツで映画を観る際に気をつけたいのは、外国語作品を上映する場合に吹替版が多いこと。ドイツ語による吹き替えも悪くはないのでしょうが、やっぱりオリジナル言語で観たい作品もあります。そんなときは、オリジナルバージョンという意味の「OV」、または字幕つきオリジナルの「OmU」という表示が作品名についているものを選びます。私はよく、日本映画をOmU上映で観ていました。

17 | März

351 / 365

3月17日

みんなの路上本棚

　散歩をしていると、本がたくさん並んだ本棚や電話ボックスが路上にあるのを見かけます。これは誰でも無料で自由に本を持ち帰ることができる、本のシェア・交換コーナー。路上ライブラリーや公共本棚と呼べるような、「お持ちください」文化→130/365 の一種です。

　置かれている本のジャンルは文学、エッセイ、ガイドブック、子ども向けの本など、その場所や時期によっていろいろで、一期一会の出合いを楽しめます。気になる本があったら持ち帰り、読み終えたら再び戻してもいいですし、そのままもらっても構いません。もらった場合は、自分も何か1冊寄贈をすると、交換用の本がなくならないのでいいですね。自分の本が誰かの手に渡り、旅していくと考えると、もう読まなくなった本も気持ちよく手放せます。

　こうした本の交換コーナーは、市民団体やボランティアによって運営されています。

18 | März

3月18日

再生可能エネルギー

　車あるいは列車でドイツ北部を走ると、巨大な風車が林立している景色を目にします。これは風力発電用風車です。北部は偏西風が吹くため風力発電に適しているそうで、広大な緑の中に風車が立つ姿はシュールなようにも見えますが、すっかりおなじみになりました。

　ドイツは再生可能エネルギー法で、褐炭や石炭といった化石燃料による発電から、再生可能エネルギーへの転換を決定しています。ドイツのおもな再生可能エネルギーは、陸上風力、太陽光→ 226/365、バイオマス、海上風力、水力です。現在は再生可能エネルギーへと移行中の段階で、電力に占めるその割合は上昇を続けており、2023年でははじめて50%を超えました。再生可能エネルギーの中でも特に多いのが、陸上風力発電です。どうりで、巨大風車も見慣れるはずです。ドイツは今後も再生可能エネルギーの割合をさらに高める目標を設定しています。

19 | März

3月19日

春の大掃除

　ドイツは年末に大掃除をやりません。年末はクリスマスという一大イベントがあり、それが終われば大みそかにパーティーで盛り上がってそのまま新年に突入です。では、いつやるのかというと、それは春。3月ごろがよいといわれています。春になれば日の光も強まり、部屋の汚れも目立ってくるので合理的でもあります。そのころになると、雑誌やウェブサイトでは大掃除に関するアドバイスでいっぱいになります。共通する内容としては、次のようなものです。①まずは掃除計画を立て、洗剤や掃除用具を準備します。②部屋の掃除に入る前に不用品の整理をします。③各部屋の掃除に入ります。カーテンなど大きなものの洗濯や床の水拭きをします……と、こんな感じです。読むだけで大変そうで、私はやる気が失せます。そもそも定期的に掃除している人は多そうなので、そこまでやらなくてもと思うのですが、やはりドイツ人はきれい好き→301/365ということなのでしょうか。

20 | März

3月20日

ドイツで生きる日本人

「ドイツに住んでいたんです」「ベルリンにいたんです」と日本で話すと、しばしば「なんでドイツ？」と聞かれます。ドイツのイメージがそれだけ希薄なのかもしれません。外務省の海外在留邦人数調査統計ではドイツ在住の日本人は2023年で4万2079人。ヨーロッパではイギリスに次いで日本人が多く住んでいます。ドイツに縁がある日本人は案外いるのですね。日系企業の駐在員やその家族として、現地企業での勤務、結婚、フリーランス、留学、ワーキングホリデーなど、滞在の理由と目的はさまざま。日系企業が集中するデュッセルドルフ → 284/365 では駐在員と家族が多いなど、都市によってカラーは異なり、日系企業が少ないベルリンでは現地企業勤務やフリーランス、アーティストが多めかもしれません。どんな理由でいるにせよ、異国での生活は大変なこともあります。そこで暮らす人々を見るとたくましいと思いますし、自分もがんばろうというパワーをもらえます。

21 | März

3月21日

洗濯前の仕分けが大切

　ドイツで洗濯の取材をしたときに、きちんとやろうとすると案外複雑なのだということを知りました。重要なのは洗濯前の衣料の仕分け。白物、明るい色物、暗い色物といった色別、生地のデリケートさ、衣料に適した洗濯の水温などによって分類してから、それぞれに合ったモードで洗濯すると効果的に洗濯できるというのです。ドイツの洗濯機は洗濯時の水温を調整でき、たとえば白い綿のシーツは白物用洗剤で60℃や90℃などの高温で洗濯する人もいます。高温で洗うと衛生的という理由からです。ですが、ひとり暮らしだと仕分けをするほどの数もないので、私はシーツ類やデリケートな衣類だけは分けることにして、あとは色物用洗剤で一緒に洗っていました。

　洗濯物は基本的に室内干しです。郊外の一戸建てなどでは庭に干すこともありますが、通りからはまず見えません。集合住宅では室内用物干しにかけるか、地下に物干しスペースがある場合もあります。

22 | März

3月22日

ブリタの浄水器

　日本から持参した緑茶や食品はドイツでは貴重品。特に、現地で手に入らないお気に入りの品は、ちびちびと大切に消費していました。ですが、日本でおいしく感じたお茶をベルリンの自宅でいれてみても、そこまで感動しないのです。「こんな味だったっけ？」と首をひねっていましたが、どうやら水の違いが原因らしいと気がつきました。

　ドイツの水は硬水です。その水で緑茶をいれても、スーッと体に浸透していくような、柔らかで広がりのある味わいは感じられません。そこでBrita（ブリタ）のポット型浄水器を買ってその水でいれてみたところ、日本とまったく同じとはいかないまでも、水道水を使うよりもはるかにおいしいではないですか。それ以来、水を使うあらゆる場面で浄水を使うようになりました。心なしか、周囲の日本人の間でブリタ浄水器の所有率が高い気がします。ドイツ生まれの浄水器が、ドイツで日本茶や和食をおいしくいただくのに役立っています。

23 | März

3月23日

歩く姿は

　私の歩く姿を見た初対面のドイツ人から、「日本人？」と聞かれたことがあります。その人は日本に行ったことがあるため、小股でちょこまか歩いている様子を見てピンときたそうです。確かにドイツでは小股で歩いたり、小走りになったりしている人を見かけません。そもそも脚の長さが違うこともあるのでしょうが、注意して見ると周りの人は大股で歩いていて、それがよしとされています。スニーカーにジーンズという歩きやすいスタイルでも、私は意識していないとすぐに歩幅が小さくなります。「日本人は着物での歩き方がDNAに刷り込まれているから」と苦し紛れの言い訳をしていますが、実際のところはどうなのでしょう。また、かかとを引きずる歩き方は悪い印象を与えがちなので、そう見られたくなければ気をつけたほうがいいかもしれません。健康面から考えても、やや大きい歩幅で背筋を伸ばして歩くのがよさそうです。

24 | März

3月24日

マイカーはあれど、駐車場はない？

　車を持つと、もれなく発生する駐車場問題。ドイツでは路上駐車は基本的にOKですが、都市の中心部なら普通は有料で、路上の券売機で駐車券を購入する仕組みです。また、ベルリンの多くのアパートには住人用の駐車場がなく、マイカーを持っている人はいつも自宅付近に路駐しています。といっても、自分専用の場所はなく、その都度空いているスペースを見つけて停めるのです。自宅付近の路駐なら、役所で購入した最長2年間有効の近隣住民用駐車ステッカーをフロントガラスに貼っていれば、いちいち駐車券を買う必要はありません。

　エリアによっては、無料で路駐が可能なことも。たいてい時間制限の標識が立っていますが、青いプレートのParkscheibe（パークシャイベ）を車に常備しておけば大丈夫。プレート中央の矢印に、駐車開始時刻を表示した状態でダッシュボードの上にのせておくと、制限時間内なら駐禁を取られません。

25 | März

3月25日

なかなか取れない診療所の予約

　じつはドイツは、世界で最初に医療保険制度ができた国。ドイツに住むには、医療保険に加入することが原則として義務づけられています。現代の医療保険は公的保険と民間保険の2種類があり、大半の人が加入しているのが前者。収入が一定額を超えると、後者を選ぶこともできます。公的保険は保険料が所得によって決まり、民間保険に比べて安い一方、保険適用される項目に制限があります。民間保険はカバーされる内容は多いのですが、保険料が高額です。

　医者にかかるときはいきなり病院には行かず、まずはかかりつけ医などに電話をして診察の予約をします。しかし電話がつながりにくく、ようやく予約を取れても数週間あるいは数ヵ月後なんていうことも。診療所によっては、新規患者の予約を受けつけない場合もあります。オンライン上で予約できるサービスができてから多少マシになった気はしますが、それでも予約するまでがひと苦労です。

26 | März

3月26日

引っ越しの退去時は原状回復

　壁に穴を開けたり、カラーペイントしたり、壁紙を貼ったりと、賃貸住宅でもDIY→62/365はあたり前に行われています。じゃあ、退去するときはどうするの？ と思いますよね。答えはシンプルで、借りたときの状態に戻すのです。つまり、壁の穴はパテを埋め込んでふさぎ、色を塗った壁は上から白いペンキで塗り直します。壁紙なら、はがして上から白く塗ります。こういった作業はお金を出してプロに頼むこともできますが、やはりそこはDIYスピリットがあり、かつ倹約家の多いドイツ人のこと、自分で行う人は大勢います。

　私も賃貸アパートを出るときには、友人に手伝ってもらってグレイッシュブルーにしていた壁を白く塗り直しました。まずはペンキを専用ローラーでザーッと伸ばして1度塗り。そして、乾いたところで2度塗りをして完成。プロならばもっと出来栄えがいいのでしょうが、素人の私がやっても問題なく退去できました。

27 | März

3月27日

寿司？ SUSHI！

　ヨーロッパでは生魚を食べないなんていうのは昔の話。食に保守的なドイツでもお寿司は広く浸透していて、寿司店はもちろんのこと、スーパーのテイクアウト商品でも見かけます。でも江戸前握り寿司に混じって、日本人から見ると「え、これがお寿司？」と思う品があるのも事実。スパイシーなソースがかかっていたり、揚げてあったり、日本では見かけないようなお寿司もたくさんあります。

　でも、それが悪いとは思いません。食というのはその土地々々の風土や嗜好に合わせて発展して当然です。日本各地にさまざまな郷土寿司があるように、世界でもその土地のお寿司があってもいいはず。私はドイツのお寿司はSUSHIという発展形なのだと思っています。もちろん、お寿司であれ、SUSHIであれ、おいしいことが大切です。私は日本でときどき、SUSHIが恋しくなります。クリスピーなフライドシュリンプの入ったSUSHIロール、逆輸入されないかなぁ。

28 | März

3月28日

つまずきの石

　歩道を歩いていると、路上に埋め込まれた金色の四角いプレートを見かけます。かがんで見てみると、表面には文字が刻まれています。

　これは Stolperstein（シュトルパーシュタイン＝つまずきの石）と呼ばれるもので、ナチ政権に迫害され追放された人々がその直前まで住んでいた家の前に埋め込まれる記念碑→224/365 です。それぞれのつまずきの石には、そこにいた人の名前と生年、追放または亡命先、亡くなった年などが記されており、ひとりの人間が確かにここに暮らしていて、その生活を奪われたのだと実感します。

　つまずきの石は、1993年にアーティストのグンター・デムニヒ氏が始めたプロジェクトで、寄付や募金によって支えられています。これまでにドイツのみならずヨーロッパのほかの国々にも埋められ、その数は10万を超えました。真鍮製のプレートが手入れによって光り続けるように、記憶も風化させないための努力が必要だと感じます。

29 | März

3月29日

聖金曜日

聖金曜日、ドイツ語でいう Karfreitag（カーフライターク）は、イースター→1/365 前の金曜日です。この日はキリストが十字架にかけられた日で、ドイツすべての州で祝日です。キリスト教徒にとっては、聖金曜日を含めたイースターの一連の行事はクリスマスと並ぶ重要な位置づけですが、世の中が連休になることと、学校もイースター休暇になるために長期休暇→278/365 を取る人も多いです。

聖金曜日はカトリック信者にとっては肉食を避ける日であり、本来はそれ以外の金曜日も肉を避けるべきとされています。そこでこの日は魚料理の出番。ドイツで新鮮な魚を入手するのは日本に比べると難しいので、冷凍の切り身が一般的です。余談ですが、レストランで魚料理を注文すると、頭を右側にして盛りつけられていることがあります。日本では左側が上位という考えがあり、必ず左側に魚の頭が来ますが、ドイツでは関係なく左右どちらの場合もあります。

30 | März

3月30日

しあわせ自分軸

　毎朝キッチンの窓辺でコーヒーを飲むのが、私の1日の始まりでした。春が近づくと小鳥のさえずり→316/365が聞こえてきます。夏は光が降り注ぎ、秋には庭の木の葉が舞い落ち、冬になるとグレーの空が広がります。コーヒーを飲む少しの間、ぼんやりと窓の外を眺めながら「あぁ、私はこの暮らしが好きなのだな」と感じていました。ぜいたくはできなくても、自分の人生を生きていると思えました。

　ベルリンで毎日を過ごすうちに、いつのころからか「しあわせ自分軸」という言葉が頭に浮かぶようになりました。自分にとって大切なものを問うことで、自分の中にしあわせの基準が生まれます。それは年を経ることによっても変わります。同様に、誰にもそれぞれの基準があり、それが自分とは違ったとしても、その人にとっては大切なこと。自分の軸を持つことは周囲に流されずに心穏やかに暮らせると同時に、他人とも穏やかでいられるのではないかと思っています。

31 | März

3月31日

夏時間の始まりで気分は人生上り坂

　3月の最終日曜日は夏時間が始まる日。冬時間 → 210/365 のときとは逆に、午前2時になったら時計の針を1時間進めて3時になり、その時間帯が10月最後の日曜日まで続きます。じつはEUでは2021年で夏時間を廃止する法案が可決されていましたが、加盟国の足並みがそろわずに2024年の時点でも廃止されないまま。今後のことはわかりませんが、私は夏時間の時間帯が大好きです。たった1時間。たった1時間の違いで、この日を境に急に明るく感じるからです。

　冬時間では18時に日が暮れたのに、夏時間になればそれが19時に。仕事を終えてもまだまだ空は昼のよう。ちょっと散歩にでも出かけようか。夕暮れまでのピクニック → 56/365 もいいな。そんな日々の始まりです。固い蕾がほころび、花が咲き、自然も人も輝く季節がすぐそこまで来ています。夏時間が始まって、これからきっといいことが起こりそう。そう、まるで人生上り坂のように。

久保田由希 | Yuki Kubota

https://www.kubomaga.com

フリーライター。東京都出身。出版社勤務の後、ただ単に住んでみたいという気持ちから 2002 年にベルリンへ渡る。自由でゆるやかな雰囲気にすっかり魅了され、そのまま 2020 年まで在住し、著書や雑誌、オンラインメディアで現地情報を日本に伝える。拠点を日本に移した後も、日独を行き来しながらベルリンを中心にドイツのライフスタイル情報を発信中。散歩をしながらのスナップ写真撮影と、ビールが大好き。『移住者たちのリアルな声でつくった 海外暮らし最強ナビ ヨーロッパ編』(辰巳出版)、『ドイツの家と町並み図鑑』(エクスナレッジ) ほか著書・編著書多数。

ドイツの心ととのうシンプルな暮らし365日
ロジカルでありながら優しい人たちが育んできたこと

▲▲▲▲▲▲

2024 年 11 月 18 日　初版第 1 刷発行
2025 年　3 月 21 日　初版第 2 刷発行

著　者　　久保田由希　Yuki Kubota

Mein besonderer Dank gilt

TRICOLOR PARIS ／ Mayu Ekuni ／東京散歩ぽ／ Akiko Kusano
Yuko Ishikawa ／ Michi Nagamoto ／ Ikeko Kobashi ／ Kaori Kudo

デザイン　　白畠かおり
校　正　　　浅沼理恵
編　集　　　上野　茜

発行者　　竹内尚志
発行所　　株式会社 自由国民社
　　　　　〒 171-0033 東京都豊島区高田 3-10-11
　　　　　電話 03-6233-0781（営業部）
　　　　　　　 03-6233-0786（編集部）
　　　　　https://www.jiyu.co.jp/
印刷所　　株式会社シナノ
製本所　　新風製本株式会社

© Yuki Kubota 2024 Printed in Japan
乱丁・落丁本はお取り替えします。
本書の全部または一部の無断複製（コピー、スキャン、デジタル化等）・転訳載・引用を、著作権法上での例外を除き、禁じます。ウェブページ、ブログ等の電子メディアにおける無断転載等も同様です。
また、本書を代行業者等の第三者に依頼してスキャンやデジタル化することは、たとえ個人や家庭内での利用であっても一切認められませんのでご注意ください。